대한민국 언론인 **최남수**의 다른 **시선**, 다른 **삶**

나는 **기자**다

대한민국 언론인 **최남수**의 다른 시선, 다른 삶
나는 **기자**다

초판 1쇄 인쇄 2019년 3월 25일
초판 1쇄 발행 2019년 3월 30일
초판 2쇄 발행 2019년 4월 05일

지은이 최남수
펴낸이 전익균, 전승환

기 획 조양제, 백현서
관 리 김영진, 정우진
디자인 김 정
유 통 도서출판 새빛북스
펴낸곳 (주)팀메이츠, 도서출판 새빛
전 화 02)2203-1996 팩 스 050)4328-4393
출판문의 및 원고투고 이메일 svedu@daum.net
등록번호 제215-92-61832호 등록일자 2010. 7. 12

값15,000원
ISBN 978-89-92454-36-0(03320)

이 도서의 국립중앙도서관 출판시도서목록(CIP)은 서지정보유통지원시스템 홈페이지(http://seoji.nl.go.kr)와 국가자료공동목록시스템(http://www.nl.go.kr/kolisnet)에서 이용하실 수 있습니다.(CIP제어번호: CIP2019006257)

대한민국 언론인 **최남수**의 다른 시선, 다른 삶

나는 기자다

최남수 지음

도서출판 새빛 SAEVIT TeammateS®

서문

어느 날 갑자기 멈춰 섰다

2018년 상반기의 YTN 노사분규 사태. 그 소용돌이 속에서 사장이 임기 중 회사를 떠나는 일이 일어났다. 한겨울의 추위는 매서웠다. 봄은 왔지만 봄이 아니었다. 실제 '최남수'와 그들이 그린 '괴물 최남수'는 달라도 너무 달랐다. 그 악몽 같았던 시간에 대한 가슴의 여진은 아직은 현재 진행형이다. 이젠 실제 '최남수'를 얘기할 시간이 됐다. 그는 누구이며, 어떤 고민을 하고 살아왔으며, 그의 성취와 좌절은 무엇이었는지.

그동안 걸어온 길을 돌아보았다. 기쁜 일도 있었고, 가슴 아픈 일도 있었다. 뿌듯한 성과도 있었고, 후회되는 실수도 있었다. 한국경제신문 기자로 언론계에 발을 들여놓은 1983년부터 YTN 사장을 했던 2018년 5월까지 신문기자, 방송기자, 유학생, 기업인, 경제방송 보도본부장, 미디어 경영자의 길을 걸어왔다. 종횡무진 일을 즐기며 열심히 살았다. 무엇보다 새로운 일에 도전하는 데 주저하지 않았다. 신문기자에서 방송기자로 변신하고, '한국의 CNN'을 만들겠다며 YTN 개국에 참여하고, 38살의 늦은 나이에 4년 동안 해외 유학을 했다. 대기업 부장을 하다가 다시 YTN의 경영개혁을 실무 지휘하고, 이어 경제방송 개국을 하겠다며 벌판에 나섰다가 '친정'인 YTN의 사장으로 선임됐다.

삶에는 여러 가지 길이 있을 것이다. 나는 '도전하는 노마드'의 길을 걸어왔다. 새로운 일에 나설 때는 이것저것 따지지 않았다. 뜻이 서면 몸을 던졌다. 뒷일은 다 수습이 됐다. '안락한 회사'를 떠나 24시간 보도 채널을 만들겠다고 나선 것이나 경제방송 개국에 합류한 것은 '가보지 않은 길'에 대한 도전이었다. 유학 후 대기업을 다니다 연봉이 30%나 줄어드는 것을 감수하고 언론계로 돌아온 것은 내가 추구하는 '가치'를 위한 결단이었다. 해외 유학 중 보장된 경제부장 자리를 포기하고 자비 유학을 결심했던 것은 늦게 하는 공부에 흠뻑 빠졌기 때문이다. 안정된 현재를 버리고 불확실한 미래로 가는 모험이었지만 그 도전을 선택했다. 다양한 경험을 쌓을 수 있었다. 신문기자와 방송기자를 하며 미디어의 경계도 넘나들었다. 유학 생활을 통해 경제학과 경영학에 대한 전문 지식을 갖추고, 2년 동안 외국인 학부생들을 가르치며 그들과 소통해보기도 했다. 평기자에서 시작해 두 개 미디어의 최고경영자 자리에 올라봤다. 머니투데이방송에서는 만성적인 적자 기조를 바꿔 재임 기간 중 3년 연속 흑자행진을 기록했고, YTN에선 짧은 기간이었지만 10대 경영혁신과제를 선정하고 시행했다. 경영자의 책무는 환경 변화를 주시하며 적절한 전략과 대책을 세워 실질적인 변화를 만들어 내는 것이다. 공감을 얻어 실행력을 확보하기 위해서는 본인이 솔선하는 것 이외의 방법은 없다. 서류는 얼마든지 화려하게 만들 수 있고, 말도 그럴듯하게 할 수 있다. 문제는 실행이다. 실행을 통해 열매를 맺게 하는 건 경영자의 몫이다.

삶은 여러 조각이 어우러져 이루는 '모자이크'와 같다. 자랑스러운 조각도 있고, 회색빛 조각도 있다. 그러나 모든 조각이 소중한 자산이다. 잘된 일에서는 성공 경험을 축적한 것이고, 어그러진 일에서는 교훈을 얻으면 되는 것이다. 그랬을 때 '모든 일이 합력하여 선을 이룬다.'는 성경 구절처럼 삶의 모든 조각이 의미 있는 '상승작용'을 가져온다. 이를 실제로 체험해왔다. 특히 미디어 경영자가 됐을 때는 신문, 방송, 유학, 대기업 근무 등에서 쌓은 지식과 경험, 인간관계가 큰 자양분이 됐다. 고난의 순간도 적지 않았다. '잠시 멈춤'의 시간도 왔다. 이때 중요한 것은 스스로 무너지지 않는 것이다. 바닥에서 잘 견디며 버티는 게 중요하다. 시간이 흘러 밀물이 들어오면 이게 떠오르는 '부력'이 된다. 어려운 시기조차 숙성의 기회로 삼고 뚜벅뚜벅 가다 보면 어느새 평지가 나타난다. 이 변화를 더 단단해진 모습으로 마주치면 되는 것이다. 삶은 결국 바라보는 시선의 문제다. 사진을 찍다 보면 얻게 되는 깨달음이다. 같은 장소에서도 시선에 따라 사진이 달리 찍히고 좋은 사진과 나쁜 사진이 구분된다. 다르게 보면, 결과도 달라진다. 고난도 마찬가지이다.

지난 1년은 나에게 동굴을 지나온 시간이었다. 깊게 침잠하며 지나온 길과 내면을 들여다보았다. 하나님께서 더 가까이 다가오셨다. 부족함을 절감하며 손을 펴고 하나씩 하나씩 내려놓았다. 앞으로 삶의 여정, 그 길이 초원이든 사막이든 하늘의 별을 바라보며 가야겠다. 하나님의 인도하심을 기도하며 체험하고 있다. 보잘 것 없는 삶인데 이 책을 펴낼 기회를 주신 출판사분들께 각별히 감사의 말씀을 드린다. '어두운 밤'을 동행하며 위로와 격려를 해준 아내와 어머님, 가족들, 그리고 부족한 사람을 위해 기도해주신 이영훈 높은뜻섬기는교회 담임 목사님, 김경옥 푸른사랑의 교회 담임목사님께 사랑과 감사의 마음을 전하고 싶다. 그동안 많은 조언을 해주시며 지도해주신 표완수 〈시사IN〉 발행인님, 장명국 내일신문 대표님, 이종환 서울경제 부회장님 등 언론계 선배들과 현장에서 같이 호흡을 맞췄던 동료, 후배들도 '감사 리스트'에서 빼놓을 수 없는 고마운 분들이다.

2019년 2월

저자 **최 남 수**

차례

1

나는 기자다

나는 비판정신을 지킬 수 있는
기자가 되고 싶었다.
한국경제신문 공채2기.
이것이 내 기자 인생의 첫 타이틀이었다.
이후 서울경제에서 한국은행을 출입하며
경제를 보는 깊은 시선과
기자 DNA를 키워갔다.
특종의 기쁨과 낙종의 아픔도 느끼며
기자다운 기자의 길을 걸어갔다.

내 가족사에 대한민국 역사가 숨어 있다

머니투데이방송 보도본부장 시절 소설가 한 분과 대담을 한 적이 있다. 방송을 마치고 가족사를 간략하게 소개했더니 "그거 소설 감이네"라는 반응을 보였다. 말 그대로이다. 우리 민족 근현대사의 아픈 단면이 우리 가족사에 담겨 있다.

평안북도 정주군 곽산면 석동리. 현재는 곽산읍으로 행정구역이 바뀐 것으로 알려져 있다. 가계의 뿌리가 있는 곳이다. 시인 백석이 정주군 출신이다. 백석은 '정주성(定州城)'이라는 시에서 이곳을 이렇게 묘사한다. 언젠가 꼭 한 번 가서 백석이 그린 이곳, 가족의 뿌리를 직접 보고 느끼고 싶다.

산턱 원두막은 비었나 불빛이 외롭다
헝겊심지에 아주까리 기름의 쪼는 소리가 들리는 듯하다

잠자리 조을든 문허진 성터
반딧불이 난다 파란 혼들 같다
어데서 말 있는 듯이 크다란 산새 한 마리 어두운 골짜기로 난다

헐리다 남은 성문이
한울빛같이 훤하다
날이 밝으면 또 메기수염의 늙은이가 청배를 팔러 올 것이다

김소월의 시 '진달래꽃'에 나오는 '영변의 약산'이 정주군에서 멀지 않은 곳에 있다. 아버님 가족들이 이곳에 둥지를 틀고 살아오셨다. 동족상잔의 비극 6.25 전쟁이 발발한 1950년 이듬해인 1951년 할아버님과 할머님, 아버님 그리고 고모님들이 전쟁을 피하려고 정들었던 고향을 떠나 남쪽으로 내려오셨다. '제2의 고향'으로 삼은 곳은 전주. 할아버님과 아버님은 당시 '전매청'에서 같이 근무를 하셨다. 어느 날 인력 감축이 필요한 상황이 되었다. 인사업무를 맡으셨던 할아버님은 직원들을 줄이려면 자식부터 사직을 시켜야 한다며 아버님부터 해직을 시키셨다고 한다. 고지식하고 강직한 분이셨다. 아버님은 직장을 나와 개인 사업을 하셨다.

어머님 가족사도 고난과 시련이 담겨 있다. 외할아버님과 외

할머님은 전주에 사시다가 일제의 수탈을 피하려고 중국으로 건너 가셨다. 이후 상해에 정착하셨는데 어머님은 그곳에서 태어나셨다. 해방 후 가족 모두가 다시 전주로 이동했다. 어머님과 아버님은 전주에서 인연을 맺어 한 가정을 이루게 됐다.

나는 2남 2녀 중 장남이다. 형이 있었는데 3살 때 홍역으로 사망해 내가 장남이 됐다. 이런 이유로 '새로운 장남'에 대한 어머님의 애정은 각별했다. 반면, 아버님은 자신의 감정을 잘 표현 안 하시는 편이셔서 늘 '무서운 어른'이었다. 당시만 해도 고교 진학도 입학시험을 치러야 했다. 나는 전주동중을 졸업하고 전주고교에 합격했다. 합격자 발표 날 전주고교 교정을 혼자 가봤다. 눈이 많이 내려 하얀 벌판으로 변한 학교 운동장에 어른 한 분이 합격자 명단을 훑어가고 있었다. 아버님이셨다. 자식 일엔 별 관심이 없으신 것으로 알았던 아버님께서 그 자리에 와 계셨던 것이다. 그때 느꼈던 감동을 시로 표현해보았다.

아버지

눈앞 선하다
눈 단장한 교정 한 구석
자전거 세워 둔 중년

그 아슬아슬한 탐색

햇빛으로 쓰인 합격자 이름들
아, 저기 내 아들
이십 년 실향의 아픔 환하게 녹아내린다

늘 먼발치 무뚝뚝한 모습
마음이 닿기 어려웠던 평안도 아버지
그가 언 땅에 뜨겁게 서 계셨다

아버님이 먼저 하늘나라로 떠나신 뒤 홀로 되신 어머님이 늘 안쓰러웠다. 얼마나 힘든 시간이셨을까. 그런데도 특유의 긍정적 성격으로 그 어려운 시간을 견디셨을 것이다. 어머님의 유머 감각은 탁월하셨다. 하루는 "동네에 할아버지들이 보이질 않는다." 하셔서 "왜요?"하고 여쭸더니 "나만 보면 다 숨이 넘어가네" 하며 능청스럽게 얘기하신다. 어머님에 대한 자식의 마음도 시에 담아보았다.

엄마

엄만 빨랫줄 같아
왜?
맨날 젖은 빨래 걸려있을 뿐
다 마르면 떠나가는 자식들 뒤로
휑하니 빈 줄 흔들리고

엄만 바닷가 바위 같아

왜?

파도로 부딪쳐온 아픔 다 받아주고

물기 남긴 채 세상 향해가는

자식 등 밀어주기 바쁘고

엄만 주파수 같아

왜?

구멍 난 맘 언제든 채널 돌리면

마음의 탯줄 그 파동 열어

진자리 매만져주고

섬백리향처럼 포름한 손, 빈 하늘만 채운다

비판 정신에 끌려 기자의 길로!

고교를 졸업하고 서울대학교 경제학과에 진학했다. 대학 시절은 어둡고 치열했다. 대학에 들어간 1979년은 박정희 정권이 막을 내린 해였다. 박정희 정권의 장기 집권에 대한 국민적 저항이 거세지고 민주화 요구가 사회 전반에서 봇물 터지듯 나오던 때였다. 대학 캠퍼스도 예외는 아니었다. 봄 학기가 시작되자마자 관악 캠퍼스는 '박정희 정권 퇴진' '독재 타도'를 외치는 학생들의 시위가 잇따랐다. 당시만 해도 형사들이 시위 진압을 위해 교내에 상주하고 있었기 때문에 시위는 게릴라식으로 진행됐다. 대학에 들어와 한국 사회의 구조적 문제점을 알게 된 나는 친구들과 함께 민주화를 요구하는 대열에 참여했다. 한 번은 시위 도중 검거됐는데 '초범'이어서 바로 풀려났다.

1979년 10월 27일 아침. 당시 나는 기숙사에서 첫해의 대학 생활을 보내고 있었는데 아침부터 장송곡이 스피커에서 흘러나왔다. 학생들이 웅성웅성 거려 사연을 알아보니 박정희 대통령이 사망했다는 소식이었다. 전날인 10월 26일 밤 김재규 중앙정보부장이 저녁 자리에서 박정희를 살해한 10 · 26 사태가 일어난 것이다. 대학은 바로 휴교에 들어갔다.

민주화에 대한 기대도 잠시. 12월 12일 전두환을 중심으로 한 군부세력이 쿠데타를 일으켰다. 이듬해인 1980년 서울의 봄에 이어 5 · 18 광주민주화운동이 일어났는데 군부는 시민들의 민주화 요구를 총칼로 짓밟았다. 이어 전두환 씨는 정권을 장악했다. 광주에서 들려온 비극적 소식과 군부 독재 정권의 재등장에 학생들은 다시 거세게 저항했다.

이런 분위기 속에서 나는 선후배들과 함께 '제3세계와 저개발'이라는 학생 심포지엄을 추진했다. 심포지엄을 학내 시위로 연결할 생각이었다. 하지만 심포지엄이 임박해서 우리의 계획을 눈치 챈 학교 당국의 불허로 행사 자체가 무산됐다. 3학년 때 나는 경제학과의 대표로 뽑혔다. 시국에 대한 학생들의 여론을 모으고 행동 방안을 정하는 자리였다. 휴교가 반복되던 대학 생활을 이렇게 보내다 보니 어느덧 학교를 떠날 때가 다가왔다. 일부 친구들은 노동운동 현장으로 떠났고, 일부는 대학원 진학을 선택했다. 나는 깊은 고민에 빠졌다. 아버님의 사업이 기울면서 고향의 가족들이 많은 어려움을 겪고 있었기 때문이다. 대학원 진학을 할까 하다가 가족을 돕기 위해 취업을 해야겠다고 결심을 했다. 비판 정신을 지킬 수 있는 직업을 가지고 싶었다.

기회는 우연히 찾아왔다. 어느 날 과사무실에 들렀는데 조간 경제신문인 한국경제신문에서 기자를 모집한다는 공고가 떴다. 응시를 했고 합격했다. 당시 대기업 한 군데에도 합격했지만, 비판 정신을 가지고 일을 할 수 있는 기자직을 선택했다.

뒤돌아보면 4년간의 대학 생활은 힘든지도 모르고 젊은 혈기로 살았던 것 같다. 하지만 쉽지 않은 시간이었다. 서울에 마땅히 머물 데도 없었고, 집안 사정도 좋지 않아 스스로 학비를 벌어가며 생활해야 했다. 다행히 장학금을 받아 학비는 면제됐고, 1학년 때에는 학교 기숙사에 머물 수 있었다. 2학년이 되면 대부분 기숙사를 나와야 한다. 이때부터 당장 있을 곳을 정하는 게 문제였다. 반포와 동부 이촌동에서 입주 아르바이트를 했다. 하지만 전두환 정부가 과외 금지 조치를 발표하면서 이 생활도 접어야 했다. 상황이 이렇게 되자 아버님께서 같은 고향의 실향민을 소개해주셔서 그분들 집에서 신세를 졌다. 이렇게 해서 나는 당시 서울대로 가는 95번 종점이 있던 청량리에서 통학하게 됐다. 청량리에서 서울대까지 버스 종점을 오가는 긴 거리였지만 힘든 줄 모르고 다녔다. 다음에는 미아리 산동네에 있는 실향민 집으로 옮겨 또 신세를 졌다. 겨울에는 방에서도 찬 기운이 느껴지고, 아침에 마당에 나와 머리를 감으면 머리카락에 얼음이 맺히기도 했다. 여름엔 산길을 오르느라 땀에 흠뻑 적곤 했다. 오갈 곳 없던 나를 맞아준 참 고마운 분들이었다. 마냥 이렇게 신세를 질 수만은 없어 4학년 때에는 학교에 가까운 신림동에 방을 하나 잡아 졸업할 때까지 자취했다. 겨울에는 바깥과 실내 온도가 비슷해 이불로 몸을 둘둘 말아 자던 기억이 난다. 세어보니 4년 간 이사만 13번을 했다. 친구들이 도와줬는데 미아리에서 상도동으로 이사할 때는 버스를 이용해 온종일 오가며 이사를 하기도 했다. 지금 기준으로 보면 무척 힘든 일인데 당시 나와 친구들은 '느림'을 즐기며 우정을 나눴던 것 같다. 삶의 고단함을 그다지 느끼지 않았다. 막 기자로 첫발을 내딛는 내 삶 안에는 대학 생활의 이런 모자이크 조각들이 다 들어 있었다. 시대에 대한 고민, 현실적 삶의 요구 등이 혼재돼 있었다.

나는
기자다

외신부 기자로 첫 출발

학생의 신분이 전문 직업인으로 바뀌는 순간이었다. 사회에 첫발을 내디딘 때였던 만큼 어떤 환경에서 어떤 교육과 훈련을 받느냐 하는 것은 매우 중요했다. 사고와 의식이 독립적인 것 같아도 사실은 환경에 의해 많은 영향을 받기 때문이다. 한국경제신문의 기자 훈련 과정은 독특했다. 나는 1983년 1월 한국경제신문(한경) 공채 2기 기자로 출근하기 시작했다. 당시 이규행 사장은 기자들이 외신부에서 먼저 훈련을 받아야 한다는 소신을 가지고 있었다. 신입 기자들은 2년 정도 외신부에서 기사를 쓰는 훈련을 받아야 했다. 언론사들은 통상 수습기자들을 경찰서로 배치해 강훈련을 시킨다. 일본말로 '사츠마와리'를 한다고 하는 기간이다.(일제의 잔재인 만큼 이 단어는 사용하지 않는 게 바람직하다고 생각한다) 경찰 기자 생활은 직접 해보진 않았지만 옆에서 지켜봐도 무척 고단한 시간이다. 새벽 일찍부터 사건 사고 기사를 챙긴 다음 선배들에게 보고해야 하고, 밤늦은 시간까지 계속 취재를 해야 한다. 집에 자주 들어가지 못하는 것은 물론 잠도 경찰서 기자실에서 토막잠을 자는 경우도 많다. 이렇게 '고난의 행군'을 하며 온갖 사건 사고 기사를 다루다 보면 수습기자는 어느새 취재 및 기사 작성 요령을 터득하고, 험한 취재도 할 수 있는 '기자 전사'로 거듭나게 된다. 한경은 경제지여서 사건 사고 기사를 많이 다루지 않는 탓도 있었지만, 기자를 '전사'보다는 경제 상황을 꿰뚫어 볼 줄 아는 '전문인'으로 육성하는 데 초점을 맞추고 있었다.

당시 나는 군에 다녀오지 않은 상태였다. 회사의 배려로 먼저 입사를 하고 3개월 정도를 다니다가 13개월의 방위병 근무를 하게 됐다. 전주에 있는 35사단 부관부에서 행정병으로 군 생활을 마쳤다. 그리고 다음 해에 짧은 머리를 한 채로 회사에 복귀했다. 이때 소동이 일어났다. 아래 기수 후배들이 나를 선배로 인정 못 하겠다며 불만을 터트렸다. 공채 3기는 전원 군필이었다. 아무리 공채 2기라고 해도 군 미필 상태에서 들어와 자신들보다 늦게 회사에 복귀한 사람이었으니 그럴 만도 했다. 하지만 언론사는 기수 문화가 강하지 않은가. 동기들이 후배들을 설득해 결국은 '공채 2기의 선배'로서 안착했다. 불편한 마음에도 선배로서 받아준 3기 후배들에게 지금도 고마운 마음이다. 사실 언론사는 강한 기수 문화로 서열이 정해지지만 남들보다 어린 나이에 입사한 나는 나이가 네댓 살 많은 동기와 후배들을 기수대로 상대하는 게 처음에는 심정적으로는 쉽지 않았다. 이런 해프닝도 있었다. 동기들은 나보다 나이가 많았지만 언론사의 관례상 서로 말을 트고 지내기 시작했다. 어느 날 서로 고향을 묻는데 두 명의 고향이 나와 같은 전주였다. 가슴이 덜컥했다. 아니나 다를까. 고교 선배들이었다. 어떡하겠는가. 다른 동기들에게는 반말, 그리고 이 두 분에게는 당연히 존댓말을 쓰기 시작했다.

외신부에서의 기자 생활은 흥미로웠다. 무엇보다도 기사를 작성하는 훈련을 좋은 선배들로부터 받아 글 쓰는 실력이 향상됐다. 오랜 기간 국제경제 동향을 추적하며 매일 기사를 쓰다 보니 국제경제에 대해 나름대로 식견을 갖추게 됐다. 외신부 '졸병 기자'의 하루는 이렇게 시작된다. 아침 일찍 나오는 건 기본이다. 요즘 국제 뉴스는 모두 온라인으로 들어오지만, 당시는 '텔렉스'라는 장치를 통해 타이핑하듯 기사 내용이 인쇄용지에 찍혀 나왔다. 한경은 국제경제 전문 통신인 APDJ를 이용했다. 아침에 나와 제일 먼저 하는 일은 밤새 찍혀 나온 외신 인쇄용지를 기사별로 찢어서 분류한 다음 주요 기사들을 선별해 부장 책상 위에 올려놓는 것이었다. 여기에서 내공이 필요했다. 텔렉스 용지를 자르는 것부터 실력 차이가 났다. 선배들은 잘라야 하는 부분을 책상 모서리에 가져다 놓고 빠른 속도로 힘을 줘 자로 자른 듯 깔끔하게 잘라냈다. 이 내공을 따라가는 데도 일정 기간의 수련(?)이 필요했다. 나중에 후배들이 들어왔을 때 이 내공을 보여주고 뿌듯해하기도 했다. 다음은 주요 기사를 추려내는 일. 중요한 기사를 빠트리면 선배들의 눈칫밥을 먹어야 해서 신중에 신중을 기했다. 이 일을 하면서 기사를 보는 안목이 커진 것 같다. 이렇게 하루의 기초 작업을 끝내고 나면 부장의 기사 배분을 기다리는 순서이다. 부장이 기자 별로 영어로 된 APDJ 기사를 주기도 하고, 월 스트리트 저널, 파이낸셜 타임스, 일본 경제신문, 해외 잡지에 나온 기사들을 맡기기도 한다. 이때부터 본격적인 일이 시작된다. 먼저, 모르는 단어를 찾아보며 내용을 숙지하고 어떤 주제의 기사를 쓸 것인지를 판단한다. 외신 기사는 주어진 국제 뉴스를 단순 번역하는 일이 아니다. 우리 입장에서 봤을 때 중요한 순서대로 내용을 재구성하고 가공해 기사로 재창조한다. 여러 기사를 한 데 묶어 종합하는 일도 종종 했다. 외신 기사는 주어진 자료일 뿐 우리말로 풀어내는 기사는 많은 창조적 가공 과정을 거치게 되는 것이다. 기사 작성을 마치고 차장이나 부장에게 데스킹(기사를 수정하는 과정)을 넘긴다. 이런저런 지적이 나오고, 때론 기사 자체가 대폭 수술을 받는 과정이기 때문에 긴장이 된다. 나중에 신문이 나올 때 기사가 적게 수정될수록 기분이 좋고, 반대의 경우는 선배들의 실력에 놀라며 한 수 배우게 된다. 매일 이런 식의 일들이 되풀이되니 시간이 흐르면서 자신도 모르게 글 쓰는 실력이 늘어나고, 국제경제를 보는 안목이 커지고 있음을 느끼게 되었다. 외신으로 육성하는 기자, 한경의 독특한 방법이었고 이를 통해 많이 배웠다. 무엇보다 경제 기자로서 지식과 시각을 넓혀주었고, 글 쓰는 실력을 키워주었다.

한경 근무 당시 기억에 남는 일 몇 가지가 있다. 하나는 증권부장의 지휘를 받아 '한경 다우지수'라는 새로운 증권지수를 만드는 기초 통계 작업에 참여한 일이다. 미국의 다우존스 지수를 벤치마킹해 만든 주가지수였다. 이 일을 통해 증권시장에 대해 눈을 뜨는 계기가 됐다. 다음으로 노벨 경제학 수상자로 선정된 루디거 돈부시 미국 매사추세츠공과대학(MIT) 경제학과 교수가 마침 한국에 들어와 있다는 정보를 입수하고 그가 어디 있는지를 수소문해 부장과 함께 인터뷰도 했다. 돈부시 교수가 쓴 '거시경제학'을 학부에서 공부한 터여서 그를 만나고 기념사진을 남긴 것 자체가 나에게는 큰 추억이 됐다. 당시 세계적인 CEO로 명성을 떨치고 있던 크라이슬러 리 아이아코카 회장의 자서전을 공동 번역하고 국내 경제를 다룬 책을 공저하는 일에도 참여했다. 이렇듯 사회에 첫발을 내디딘 기자에게 많은 경험을 하게 해준 한국경제신문에 감사하고 있다. 공채 2기로 같이 들어온 동기들과는 지금도 친분을 나누고 있다.

폐간의 아픔을 딛고 복간한 서울경제에 합류

직장 생활을 돌아보면 누구에게나 젊은 시절에 집중적으로 일을 배운 시기가 있을 것이다. 그때 배운 실력을 업데이트해 가는 게 직장 생활인 듯하다. 또 이때 중요한 역할을 잘 해내면 회사와 상사의 눈에 들어 계속 중요한 일을 맡게 되는 선순환의 길이 열리기도 한다. 첫 몇 년이 매우 중요한 시기이다. 나에게는 서울경제신문이 그런 직장이었다. 서울경제는 1960년에 한국일보의 자매지로 창간되었다. 정론을 펴는 1위 경제지로 위치가 확고한 신문이었다. 이런 신문이 전두환 군사정부의 눈에 곱게 보일 리가 없었다. 서울경제는 1980년 11월 25일 자로 강제 폐간되고 한국일보에 흡수 통합되었다. 8년이 지난 1988년 8월 서울경제는 민주화의 흐름 속에서 복간의 깃발을 올리며 다시 독자들에게 선을 보인다. 나는 복간 멤버로 서울경제 정경부에 경력직 기자로 합류했다.

서울경제에서 가장 기억에 남는 일은 당대에 내로라하는 필사인 경제 '대기자' 선배들을 비롯해 뛰어난 선후배들과 같이 일한 경험이다. 복간 당시 주요 간부들과 정경부 기자들 면면을 보면 박병윤 편집국장(JBS일자리방송 회장, 전 국회의원), 고 김서웅 정경부장(전 뉴시스 회장), 고 박 무 정경부 차장(전 머니투데이 대표), 이병완 정경부 차장(여자농구연맹 총재, 전 대통령 비서실장), 이백만 차장(주교황청 대사, 전 대통령 비서실 홍보수석비서관), 최성범 기자(전 토마토TV 보도본부장), 이세정 기자(전 아시아경제 대표), 김병수 기자(전 두산그룹 커뮤니케이션 실장), 유상규 기자(코스콤 상임감사) 등이었다. 쟁쟁한 멤버들이었다. 특히 작고한 박무 선배는 당대 최고의 경제 기자로 존경받는 분이었다. 두주불사형의 호탕함에 실력과 예리한 관점, 기자로서의 기백 등 본받고 싶은 게 많은 '역할 모델'이었다. 그래서 늘 박무 차장에게 발제하고 기사를 올릴 때는 긴장이 됐다. 대답하기 어려운 질문을 던지기도 하고, 기사가 크게 수정되는 일도 적지 않았다. 그런 과정을 통해 경제 현상을 분석하고, 글로 만들어 내는 방법을 배워 나갔다. 한 번은 이런 일이 있었다. 원고지 12매 분량의 해설기사를 써서 박 차장에게 넘겼다. 나중에 신문이 나와 보니 웬일인지 거의 내가 올린 원안 그대로 신문이 나왔다. 이례적이었다. 좀 우쫄하고 있는데 박 차장이 옆을 지나가면서 살짝 나에게 말을 건넸다. "오늘 내가 바빠서 글을 고칠 시간이 없었다." 그게 진실일 수도 있고 후배가 교만해질까 봐 칭찬을 아낀 것일 수도 있었다. 박무 선배 외에도 경제적 식견이 깊고 건강한 기자정신을 가진 선후배들과 함께 치열하게 토론하며 일한 기간은 나에게 경제 기자로서 기초를 단단하게 다지는 과정이었다. 특히 서울경제의 필봉은 매서웠다. 정부 정책이든 재계의 잘못된 관행이든 성역 없이 언제든 비판의 대상이 됐다. 기사의 주제와 내용에 관한 한 어떤 제약도 없이 자유롭게 기자정신을 발휘할 수 있는 공간이었다.

당시 복간 멤버들이 구성되자 나에게는 한국은행과 금융기관이 출입처로 주어졌다. 외신부 경험밖에 없던 나에게 중앙은행이라는 주요 출입처가 배정돼 어깨가 무거웠다. 한은은 나에게 경제와 금융을 보는 눈을 뜨게 해주고, 그 깊이를 숙성시켜준 정말 감사한 출입처였다. 당시 정부의 주요 경제부처는 경제기획원, 재무부, 한국은행이었다. 경제기획원은 경제정책과 예산을 총괄하는 한국 경제의 '사령탑'이었다. 재무부는 국내외 금융정책 등을 관장했다. 한은은 중앙은행으로서 통화 및 외환 관리, 경제조사 등을 맡았다. 박무 선배는 "한국은행만 잘하면 경제 기자의 길은 죽 열린다."며 한은의 중요성을 강조했다. 요즘의 기준으로 보면 고개가 갸우뚱해질 수도 있지만, 당시 한은은 막강한 '금융의 제2부'였다. 통화정책 입안과 경제조사 기능은 물론 현재는 금감원으로 분리된 은행감독원을 산하에 두고 있었다. 한은은 먼저 시장의 돈줄을 조였다 풀었다 하는 자금 파이프라인의 열쇠를 쥐고 있었다. '통화관리'라는 열쇠를 가지고 과열된 경기를 억제하거나 냉각된 경기에 온수를 대는 역할을 했다. 한은의 경제조사 및 통계 생산 기능도 중요했다. 주요 경제 현안에 대한 수준 높은 보고서는 물론 국내총생산 GDP, 국제수지, 도매물가, 기업경영분석 등의 통계가 한은을 통해 발표된다. 외국돈 흐름의 관리도 한은에 맡겨진 일이다. 한은 안에 별도 기구로 설치된 은행감독원은 금융 감독권뿐만 아니라 '여신 관리권'이라는 막강한 권한을 행사했다. 금융이 자율화되면서 지금은 없어진 기능이지만 당시는 대기업들이 대출과 보증을 받을 수 있는 여신한도를 은행감독원이 일일이 정했다. 금융기관은 물론 대기업의 '생사여탈권'을 다 가지고 있었다. 대기업에 나가는 여신 규모를 은행감독원이 정하던 시절이었다. 노태우 정부 시절 대기업들의 간담을 서늘하게 했던 기업 보유 비업무용 부동산의 강제 매각조치도 은행감독원이 창구가 돼 집행됐다. 당시 대기업별로 주로 거래하는 은행인 주거래은행이 지정됐다. 경제가 성장기였기 때문에 자금 수요가 컸던 대기업들은 주거래은행을 창구로 해 돈을 빌려 썼다. 그런 만큼 대기업에 대한 주거래은행의 영향력은 매우 컸다. 대기업의 목줄을 쥐고 있었다. 자연스럽게 '정부 → 은행감독원 → 주거래은행 → 대기업'으로 이어지는 영향력의 흐름이 형성됐다.

취재 기자로서는 '한은 공부'만 잘하면 금융과 실물경제를 보는 시선을 두루 익힐 좋은 기회였다. 한은을 거친 기자들은 경제

기획원과 재무부 등을 거쳐 간판급 경제 기자로 성장해갔다. 한은이 경제 기자의 '산실'이었던 것이다. 한은 출입 초기에 이런 일이 있었다. 한국은행법 1조 1항에서 강조하는 한은의 물가 안정 기능을 들어 한은이 제 역할을 하고 있지 못하다는 비판적인 기사를 작성했다. 당시 한은의 통화관리과장이 이 기사를 보고 기분이 나빴던 것 같다. 강하게 항의를 해왔다. 나는 내 기사를 방어하며 언쟁을 벌였다. 이 일을 계기로 그 과장과 친해져 나중에는 중요한 취재원 중의 한 명이 되기도 했다.

나는 3년 6개월 정도 한은을 출입했다. 좀 오래 나간 편이다. 다양한 주제에 관해 많은 공부를 했다. 3년 반을 나갔으니 매달 발표되는 국제수지나 통화증가율 발표만 42번, 분기마다 발표되는 GDP 통계는 14번을 보도한 셈이다. 취재 기사까지 포함하면 이 주제만으로도 수많은 기사를 썼다. 한은 자금부는 기자들이 집중적으로 취재하는 부서였다. 당시는 돈이 많이 풀려 돈줄을 조이는 것이 큰 이슈였기 때문에 한은 자금부가 취하는 조치와 시중 자금 흐름의 동향 등이 늘 현안이었다. 이른바 통화관리정책은 쓰기만 하면 신문 1면에 배치되는 기사가 됐고, 해설기사도 수시로 써야 했다. 한은 조사부는 기자들에게는 '과외교사' 역할을 하는 곳이었다. 조사부 간부나 직원들은 언제든 찾아가면 경제 통계의 작성 방법과 의미 등에 대해 성의 있게 공부를 시켜줬다. GDP 통계는 어떻게 수집되고 만들어지는지, 발표된 국제수지 통계 뒤에 숨어있는 의미는 무엇인지 등 경제 통계를 보는 눈을 키워주었다. 은행감독원에서도 배울 게 많았다. 경영관리국을 통해서는 은행들의 주요 경영 이슈에 대해 식견을 넓힐 수 있었고, 여신관리국을 통해서는 실물경제의 흐름과 대기업의 여신 현황에 대해 다양한 정보를 얻을 수 있었다. 한국은행 주변에 포진해있던 조흥, 상업, 제일, 한일, 서울신탁, 신한, 한미 등 시중은행과 산업, 중소기업, 국민 등 국책은행을 출입하며 금융 현장의 생생한 얘기들을 취재하면서 금융과 실물이 만나는 접점에서 벌어지는 일들을 목격했다. 자금난에 빠진 한보그룹, 범양상선 등 굵직굵직한 기업들이 처리되는 과정을 심층 취재하며 부실기업의 정리 작업에 관해서도 많은 공부를 했다. 은행의 경우 처음에는 경영진, 간부들과 친분을 쌓았는데 오랜 기간을 출입하다 보니 나중엔 직원들과도 친해져 취재의 범위가 넓어졌다.

한은 출입 시절 가장 큰 이슈 중의 하나는 한은의 독립성 문제였다. 한은이 통화관리 정책을 결정할 때 제도적으로 재무부가 간섭할 수 있는 구조여서 한은이 정부로부터 독립적으로 통화정책을 수행할 수 있게 해야 한다는 목소리가 높았다. 이 문제를 놓고 재무부와 한은이 치열한 논쟁을 벌이며 대치했다. 나는 한은의 독립성을 지지하는 기사를 자주 썼다. 한은을 출입한 탓도 있었겠지만, 통화관리정책이 정부의 입김에서 벗어나는 게 옳다는 생각을 했다. 결국, 정부와 정치권의 논의를 거쳐 1998년에 한은의 독립성을 강화하는 방향으로 법 개정이 이뤄졌다. 1989년 중국 북경에서 열렸던 아시아개발은행 ADB 연차총회는 기억에 남는 일이었다. 각국에서 재무부 장관과 중앙은행 총재, 금융기관장들이 참여하는 회의였다. 우리나라와 중국은 1992년 8월 24일에 수교를 했으니 수교 3년 전에 중국에 들어간 것이다. 중국에 들어간다는 것 자체만으로도 큰 의미가 있었다. 중국에 체류하는 동안 주 취재 대상은 ADB 총회와 한국 대표단의 활동 상황이었다. 그런데 당시 중국 대학생들이 연일 천안문 앞에서 중국 체제의 변화를 요구하는 시위를 했다. 회사에서 연락이 왔다. 시위를 취재해서 기사를 보내라는 지시였다. 나는 매일 천안문에 나가 시위 상황을 취재하고 회사로 송고를 했다. 1989년 6월 4일 천안문 시위는 중국 정부에 의해 강제 진압됐다. 서울에서 이 소식을 들으면서 당시 목격했던 많은 학생들이 떠올라 마음이 무거워졌다. 당시 ADB 총회 취재 때는 한 가지 해프닝도 있었다. 저녁 자리에 이규성 재무부 장관과 김건 한은 총재 등 참석자들이 모두 모였는데 이규성 재무장관이 식사 도중 옆자리에 앉은 내 머리를 살짝 건드린 일이 있었다. 이것을 놓고 재무장관이 재무부에 비판적인 나를 혼냈다는 말이 기자들 사이에서 돌았다. 사실은 장관이 대학 선배였기 때문에 한은의 독립성 문제 등에 대해 서로 격의 없이 대화를 나누다 보니 그런 것이지 심각한 상황은 아니었다.

나는 경제기획원으로 출입처를 옮기면서 3년 6개월의 추억이 서린 한은을 떠난다. 뒤돌아보니 "한국은행만 잘하면 경제 기자의 길은 열린다."는 선배의 말이 맞았다. 나는 한은과 금융기관 출입 때 '일 중독'이라는 말을 들을 정도로 현장을 열심히 뛰었다. 오전에는 취재하고, 오후에는 기사를 작성하고, 밤에는 취재원들을 만났다. 집에 자료를 가지고 가서 자료 안에 숨어있는 또 다른 통계와 의미들을 찾아내기 위해 '집중학습'의 시간을 자주 가지기도 했다. 이런 노력과 경험이 경제 기자로서 성장해갈 수 있는 발판을 단단하게 마련해줬다. 경제 전반, 경제지표, 통화정책, 여신관리, 금융기관과 시장 등 여러 분야를 깊게 파악하고 공부도 하면서 광범위한 취재 인맥을 쌓을 수 있는 좋은 출입처였다.

특종의 기쁨, 기자는 이 맛에 한다

요즘은 언론기관이 수없이 많지만, 당시 한은을 출입하던 언론사는 15곳 남짓이었다. 인터넷이 없던 세상이었으니 미디어는 신문과 방송밖에 없었던 시절이었다. 조간 신문 기자는 오전에 취재하고 오후에 회사에 들어가 기사 작성을 하고, 석간 기자는 생활 방식이 조간 기자와 정반대였다. 언론사가 많지 않았던 덕분에 기자들은 김건 한은 총재와 이용만 은행감독원장, 은행장, 임원 등 고위직을 어렵지 않게 만날 수 있었다. 언론사가 많아져 이런 일이 불가능해진 요즘의 취재 현장과는 대조적인 상황이었다. 물론 한은 총재는 자주 만나기 쉽지 않았다. 하지만 취재 요청을 하면 이따금 단독 취재의 기회가 주어지기도 했다. 상대적으로 은행감독원장은 쉬 만날 수 있었다. 앞에서 얘기한 대로 대기업 여신 상황을 은행감독원이 관리하고 있었기 때문에 취재 목적으로 은행감독원장실에 종종 들렀다. 한은과 은행감독원의 임원진과 주요 간부들은 자주 만나는 취재원이었다. 이들을 만나 주요 정책 방향과 현안에 대해 취재하는 일은 일상적으로 이뤄졌다. 인터넷이 없고 언론사 수가 적다 보니 한은과 금융기관 사이에 흐르는 정보의 양이 지금보다는 훨씬 적었다. 한은과 은행감독원은 금융기관에 대해 알고 싶어 하고, 금융기관들은 '상전'인 두 기관에 대한 정보수집에 목말라 있었다. 이 정보 부족의 틈을 기자들이 메워주는 역할을 했다. 예컨대 한은 김건 총재를 만난 후 은행장을 만날 때는 '한은 총재가 이런 생각을 하고 있더라'하는 전언을 하고, 한은 임원을 만날 때는 시중은행의 동향을 전달하곤 했다. 요즘은 '지라시'가 이런 기능을 하는데 당시는 기자가 정보의 비대칭성을 줄여주는 역할을 했다. 고위직을 어렵지 않게 만날 수 있었던 만큼 고급정보를 기자들이 많이 알고 있던 시절이다.

기자에게 특종은 기쁨, 낙종은 슬픔이다. 다른 기자들보다 중요한 기사를 먼저 써 특종을 한 다음 타사 기자들이 자신의 기사를 받아쓰는 것을 보는 것은 상당한 성취감을 느끼게 해준다. 낙종은 정반대다. 스트레스가 보통이 아니다. 기자는 늘 특종을 꿈꾼다. 하지만 낙종의 상처도 운명처럼 삼켜 넘길 수 있어야 한다. 특종과 낙종이 수시로 되풀이되니 냉 · 온탕을 오가는 식인 것이다. 그래서 특종에 겸손하고, 낙종에도 평정을 잃지 않기 위해 노력해야 한다. 먼저 특종 이야기를 해보자. 당시 특종을 할 수 있었는데 안타깝게 놓쳤던 일이 있었다. 자금난이 심각한 한보그룹 정태수 회장의 거취에 관심이 쏠리던 때였다. 새벽에 일찍 일어났는데 정 회장의 퇴진이 불가피할 것이라는 판단이 들어 이른 아침이었지만 이용만 은행감독원장에게 전화를 걸었다. 단도직입적으로 이 원장에게 물었다. “정태수 회장 퇴진하는지요?” “할 겁니다.” 이 답을 듣고 요즘 같으면 바로 인터넷으로 특종 1보를 송고했을 텐데 그때는 그날 저녁때 신문 가판이 나올 때까지 꼼짝없이 기다리는 수밖에 없었다. 기사를 다 작성해놓고 초조한 마음으로 있었는데 정태수 회장이 퇴진한다는 한보 측의 발표가 낮에 나왔다. 특종을 할 수 있었는데도 이를 알릴 방법이 없어 특종을 놓쳐 가슴이 아렸다. 역으로 특종의 기회가 우연히 찾아온 일도 있었다. 시중은행의 노사분규가 심하던 때였다. 나는 매일 분규의 이슈들을 심층 보도했다. 어느 날 당시 이규성 재무장관이 점심을 하자고 직접 전화가 왔다. 내가 쓴 기사를 보고 식사 한번 했으면 해서 장관이 마련한 자리였다. 강남의 한 호텔 식당에서 재무장관과 둘이 식사를 했다. 이런저런 얘기를 나누는 데 중간에 기사가 될 만한 얘기를 두세 개 해주었다. 식사 도중에 그 내용을 계속 되뇌며 암기했다. 이후 기사 소스는 ‘고위 관계자’로 해 특종 보도를 했다. 장관에게 정보를 얻어 단독 기사를 쓰는 짜릿한 순간이었다. 기자는 이 맛에 하는 것 같았다.

특종을 낚고 좋은 기사를 쓰기 위해서는 여기저기에 자신의 조력자들을 사귀어 두는 게 중요하다. 중요한 취재원들과 마음을 연 대화가 중요한 이유이다. '저 기자에게 제보를 해주면 문제 제기를 정확하게 해주고 나는 보호받을 것이다.'하는 믿음을 주는 게 필수적이다. 통상 재무부든 한은이든 은행감독원이든 자신들의 정책을 비공개리에 추진하는 경우가 많다. 하지만 이런 정책의 흔적들은 자료와 회의 등의 형태로 기획, 여신, 수신 등 은행의 관련 분야 핵심인사에게 전달된다. 이 길목에 평소 기자가 사귀어 둔 취재원이 있다면 특종을 할 기회가 찾아오는 것이다. 예컨대 은행들은 정기적으로 한은에 일정 기준에 따른 지급준비금을 채워 넣어야 한다. 자금난으로 이를 채우지 못하면 벌칙 금리가 부과된다. 은행별로 얼마가 부과됐는지를 한은에서 알아내기는 어렵다. 그러나 은행 내 조력자를 통하면 이를 어렵지 않게 파악해 보도할 수 있다. 이런 일도 있었다. 지금 명동에 있는 은행회관을 지을 때 일이다. 당시 대통령과 고교 동문이었던 실세 급 은행연합회장이 은행 임원들을 불러 은행회관을 짓자며 은행별로 배당금액을 알려주었다. 은행들이 반발했다. 평소 친했던 한 은행 임원이 나에게 전화로 이를 제보해왔다. 상세한 회의 내용과 은행별 배정금액을 알려줘 이를 특종 보도했다. 이런 우여곡절 끝에 지금의 은행회관이 지어졌다.

지금은 미소가 지어지는 해프닝도 있었다. 은행감독원이 시중은행에 보낸 공문의 존재를 알고 이를 한 은행에 요청해 팩스로 받아보기로 했다. 마감 시간은 다가오는데 아무리 기다려도 원하는 자료는 오지 않았다. 나중에 확인해보니 은행 직원이 실수로 내 이름과 비슷한 이름을 가진 타사 경제지 기자에게 이 자료를 보낸 것이다. 어떻게 하겠는가. 그 기자에게 전화해 '이실직고'하니 이 기자는 자료가 온 지도 모르고 있었다. 내 특종이라고 양해를 구하고 묵인해달라고 부탁하고 전화를 끊었다. 몇 분 뒤 전화가 왔다. "자료를 보니 최 기자가 특종을 하면 내가 저녁에 부장에게 깨질 텐데 좀 같이 쓰게 해 달라."는 내용이었다. 기자로서 동병상련, 이 제안을 수용했다. 그러고 보니 경제지 세 개 중 두 개가 이 기사를 쓰는데 남은 한 개 회사를 이런 식으로 '물 먹일 수' 없었다. 그래서 아무것도 모르고 있던 이 회사의 기자에게도 전화해 자료를 공유했다. 특종이 실수로 경제지 3개 회사의 공동 특종 기사가 돼버린 일이다.

특종이 제도를 개선하는 계기를 마련하게 될 때는 기자로서 사명감과 성취감을 느낀다. 당시 기업들은 늘 돈이 달리던 때여서 다소 높은 금리로라도 금융기관에서 돈을 빌렸다. 그런데 대기업 오너들이 '대여금'이란 명목으로 이보다 낮은 금리로 회사에서 돈을 빌려 쓰고 있었다. 기업이 높은 금리로 빌려온 돈을 이보다 낮은 금리로 빌려 쓰고 있으니 기업에 손해를 안겨주는 행위였다. 이 문제를 취재한 후 1면 톱기사로 보도했다. 이 기사를 계기로 오너들이 기업에서 빌려 가는 돈의 금리를 기업의 차입금리보다는 높이도록 제도가 개선됐다. 기억이 나는 심층 기획기사도 있다. 지역 구도의 폐해지만 당시 금융권의 은행장을 포함한 경영진은 대통령과 같은 동향인이나 특정 지역 인사들이 독차지하고 있었다. 권력을 건드는 민감한 이슈였지만 그 전모를 취재해서 한 경제 잡지에 심층 기사를 실었다. 권력이든 대기업이든 문제가 있으면 성역 없이 이를 보도했다.

낙종도 가끔 했다. 어느 출입처도 마찬가지이지만 한은 출입 기자들도 매일 기사 경쟁을 벌였다. 특종을 쓰기 위해, 더 나은 분석 기사를 쓰기 위해서이다. 특종을 하는 날은 흐뭇하다. 그날은 기분이 좋아 기자실에도 자주 얼굴을 비친다. 하지만 타사 기자의 손발이 묶여있는 것은 아니어서 그들이 특종을 하고 낙종을 하는 날도 당연히 있다. 그때는 죽을 맛이다. 저녁 7시쯤이면 다음날에 배포될 타사의 가판신문들이 회사로 배달된다. 이때 타사의 큰 특종이 크게 눈에 뜨이면 그때부터 '초상집'이다. 부장의 질책을 받은 후 기사의 진위 확인을 해야 하고, 그 기사가 받아쓸 만한 중요한 비중의 기사면 밤에 집에 가지도 못하고 기사를 작성해야 한다. 한 신문이 대기업별 비업무용 부동산 보유 현황을 1면 톱으로 올렸던 때가 기억난다. 이 기사를 계기로 정부가 비업무용 부동산에 대해 강제매각 조치에 들어간다. 그만큼 중요한 기사였다. 이런 낙종을 하고 기사를 받아쓰는 심정은 '아픔' 그 자체이다. 낙종이 주는 스트레스는 기자가 피할 수 없는 숙명이다. 하지만 경쟁사 기자가 쓴 특종이 구조적 문제를 잘 짚은 기사이면 이를 확산시켜 상황이나 제도가 개선되도록 하는 데 힘을 모아주는 게 기자의 책무이다. 낙종을 했더라고 타사의 기사가 제기한 문제 안에 숨어 있는 또 다른 구조적 문제나 개선 방안을 먼저 취재하게 되면 그게 또 다른 특종의 기회가 되기도 한다. 기자들의 특종 경쟁이 사회를 개선하는 순기능을 하게 되는 것이다.

흥미로운 점은 특종은 어떤 기관을 출입하는 초기에 많이 나온다. 아는 게 없다 보니 발로 열심히 뛰기 때문이다. 특종은 발에 걸린다는 얘기가 생긴 이유이다. 낙종은 역설적이게도 출입을 오래한 때에 나온다. 좀 안다고 게을러져 책상머리에 앉아 취재를 쉽게 할 때 물을 먹는 일이 종종 생긴다. 머리가 발을 못 당하는 것이다. 한은을 출입할 때 에피소드를 한 가지 더 소개한다. 당시 한은 출입 기자 15명 내외 중 3분의 1인 5명이 내가 나온 전주고 출신이었다. 전주고 출신 기자들이 많았던 탓이었던지 89년에는 한은 홍보실장에 전주고 선배인 김상훈 씨(전 국민은행장)가 보임되기도 했다. 타사의 기자들은 "전주고 출신 기자들이 많은 것을 보니 그 학교 교훈이 '기자가 되자'냐"고 우스갯소리를 할 정도였다.

나는 기자다

경제정책의 산실 경제기획원으로

한은을 '졸업'(?)하고 경제기획원으로 출입처를 옮겼다. 출근 지역도 명동에서 정부 과천청사로 바뀌었다. 집이 상계동이었기 때문에 그만큼 거리가 멀어진 불편함도 생겼다. 기획원은 어떤 면에선 한은과 비슷하기도 했고, 또 다르기도 했다. 다른 점은 한은의 경우 금융권 전체를 커버하기 때문에 한은을 비롯해 은행감독원, 각 시중은행과 국책은행, 때로는 암시장 등 취재 대상이 넓었다. 경제기획원은 국가 경제정책을 총괄하는 사령탑이어서 그 안에 많은 내용의 정책이 논의되고 있었지만, 공간적으론 정부 청사 경계를 넘어서는 일이 거의 없었다. 과천청사 1동에 상주하며 취재를 했다. 경제기획원과 한은이 비슷한 점은 자유분방한 사고가 흐르고 있었다는 것이다. 보수적인 재무부에 비해 이 두 기관은 무엇이든 생각해보는 개방적 사고를 하는 편이었다. 경제기획원 경제기획과는 경제정책의 큰 방향을 정하는 곳이어서 수시로 들렀다. 한 번은 대기업 정책을 고민 중이던 경제기획과장이 은행들이 대기업 대주주가 되도록 하는 방안이 어떻겠냐며 의견을 물어왔다. 정부가 추진하는 농업지원 대책에 대해서도 사석에서 '퍼주기식 지원'에 반대하는 관료도 있었다. 이런 파격적인 사고를 하는 관료들이 많았다. 이들은 아이디어 초기 단계에서 언론에 내용을 흘려 여론의 반응을 떠보는 식으로 일을 하기도 했다.

경제기획원은 경제개발계획 수립, 경제정책 총괄, 정책 조정, 예산, 대외무역 협상, 남북경협 등을 총괄하고, 공정거래위원회와 통계청, 조달청 등을 산하 기관으로 둔 막강한 부처였다. 한은에 이어 경제기획원을 출입하게 된 건 행운이었다. 내로라하는 경제 관료들을 이곳에서 만났다. 최각규 부총리, 강봉균 차관 (전 국회의원, 전 재정경제부 장관), 전윤철 기획관리실장(전 감사원장), 권오규 과장(전 경제부총리) 등 실력 있는 쟁쟁한 관료들을 취재원 삼아 국가 경제를 운영하는 식견을 듣고 배우고 글로 썼다. 경제기획원의 대표 선수급인 강봉균 차관은 실력 있는 관료였고 기자들에게도 깐깐했다. 잘못 쓴 기사에 대해서는 일침을 놓는 데 주저하지 않았다. 정책 아이디어가 많은 분이었기에 기자들이 최대한 자주 만나러 가는 대상 중 한 명이었다. 강 차관은 이런저런 이야기를 하다가 은근슬쩍 아이디어를 말해주는 스타일이었는데 이걸 못 알아들으면 점수가 깎인다. 어느 날 아침 들렀는데 내가 쓴 기사의 잘된 점과 잘못된 점을 조목조목 짚다가 슬쩍 "올해 공무원 급여를 동결해야겠어"라고 말을 했다. '이것 기사다'라는 판단을 하고 과거 공무원 임금 인상률 등 보완 취재를 해서 다음날 1면 머리기사로 보도를 했다. 관료들이 일방적으로 서울경제에만 정보를 주는 것은 아니어서 경쟁사가 그 '은전'을 받으면 그건 낙종을 의미했다. 기자는 숙명처럼 이런 일들을 일상으로 안고 살아간다.

기자는 글을 쓸 때 성역이 없어야 한다. 기획원 출입 당시 최각규 부총리에 대해 글을 쓴 적이 있다. '높은 자리'에 오른 만큼 대통령에게 직언도 하면서 강단 있게 부총리직을 수행해달라고 주문하는 내용이었다. 공교롭게 기사가 나간 그 날 최 부총리와 기자단의 오찬이 잡혀있었다. 내가 쓴 기사를 조금 의식하며 자리에 앉았는데 '강골'인 최수병 공정거래위원장이 최 부총리 들으라는 듯이 "최기자, 오늘 기사 좋았어!"하는 것이었다. 한바탕 웃음이 터졌다. 이렇듯 직급과 관계없이 격의 없는 대화가 오가는 게 경제기획원의 분위기였다.

경제기획원은 정책 조정이란 기능도 가지고 있었다. 각 부처 간의 이견으로 정책 진행이 원활하지 않을 때 기획원이 양측 의견을 들어보고 조정해주는 역할을 했다. 부총리를 둔 선임 부서여서 가능한 일이었다. 자주 생기는 이견은 산업을 맡은 부처가 산업 지원을 위해 금융이나 세제상의 지원을 요구하는 데 재무부가 반대하는 경우에 생겼다. 이럴 때 경제기획원이 다른 부처의 손을 들어주는 경우가 적지 않았기 때문에 경제기획원과 재무부 사이는 썩 좋은 편이 아니었다고 할 수 있다.

김영삼 정부 때 경제기획원과 재무부를 재정경제원으로 통합하면서 독립적인 경제기획 기능을 없앤 건 아쉬움으로 남는다. 경제에서 민간의 역할이 커지면서 정부 주도 경제성장의 의미가 줄어든 시대 상황을 반영한 부처 통합이었다. 하지만 사고의 자유로움이 숨 쉬는 경제기획 부처를 독립적으로 남겨두었으면 좋지 않았을까 하는 생각이 든다. 하늘을 바라보는 자유분방한 사고를 하는 경제기획원과 땅에 발을 디딘 채 강한 실행력을 갖는 재무부가 한 지붕 아래로 합쳐졌을 때 기획 기능의 약화를 우려했었다. 현실은 그대로 됐다. 특히 외환위기를 거치면서 이 현상은 민관 모두에서 더 심화됐다. 외환위기가 국가적 유동성 부족에서 온 위기였던 만큼 정부든 기업이든 자금의 흐름을 관리하는 재무통이 전면에 나서는 계기가 됐다. 자금 흐름 면에서 국가든 기업이든 그 생존을 지키는 게 절대 과제로 부상했기 때문이다. 하지만 모든 현상에는 동전의 양면이 있는 법. 재무적 사고 중심의 의사 결정은 자유분방한 사고의 토양을 척박하게 만들었다.

나는
기자다

내 안의 기자 DNA가 자라던 시기

기자는 누구인가? 취재 현장에서 정보를 취재해 분석, 가공한 다음 '메시지'를 완성해 정보 소비자에게 전달하는 역할을 하는 것을 직업으로 삼고 있는 사람들이다. 그런 만큼 정보의 선별, 취재, 분석, 가공, 기사 생산 등 과정에서 자유롭고 치열한 토론을 통해 객관적인 보도를 하는 게 중요하다. 언론사가 기업과 달리 느슨한 위계 체계를 유지해온 이유이다. 기사의 시각과 내용에 관한 한 상사와 기자가 격의 없이 의견을 내놓고 논의할 수 있는 구조를 기본적으로 갖추고 있다. 하지만 회사마다 편차가 있다. 매우 개방적인 분위기의 언론사가 있는가 하면 위계가 상대적으로 엄격한 회사도 있다. 내 경험으론 방송사가 후자에 속한다. 신문사에 있다가 방송사에서 일해 보니 방송은 비교적 보수적인 분위기였다. 방송은 전파가 갖는 영향력이 크고, 방송 자체가 여러 명이 참여해서 하는 협업이어서 상사의 리더십을 상대적으로 강하게 인정하는 체계를 갖추고 있는 듯하다.

한국일보의 자회사인 서울경제는 한국일보의 분위기가 그대로 옮겨져 와 회사 분위기가 상당히 자유분방했다. 일단 상사나 선배를 부르는 호칭부터가 달랐다. 처음엔 입이 잘 안 떨어질 정도였다. 상사나 선배가 누구든 나이 차이가 얼마가 나든 무조건 '성' 다음에 '형'을 붙여 불렀다. 까마득한 선배인 '박무 차장'을 '박 형'으로 부르려니 처음엔 어색했지만, 시간이 흐르면서 이 분위기에 자연스럽게 동화됐다. 호칭부터 자유로운 만큼 기사 내용을 놓고 상급자와 기자가 논의할 때도 치열했다. 나 자신도 국장이나 부장에게 기사 내용에 대해서 강하게 고집을 부리며 얘기한 적이 자주 있었다. 물론 논의 끝에 상사의 입장을 수용하는 경우가 적지는 않았지만 말이다. 한 번은 이런 일이 있었다. 경쟁사인 석간신문이 1면 톱으로 금융 기사를 내보냈다. 내용을 보니 받아쓸 정도의 기사는 아닌 듯해 그런 의견을 부장에게 피력했다. 그런데 저녁때 나온 가판 신문을 보니 내가 동의를 하지 않았는데도 부장이 이 기사를 베껴 써 2면 톱으로 처리한 것이었다. 부장에게 강하게 항의한 다음 그 자리에서 바로 사표를 제출하고 상계동에 있던 집으로 돌아왔다. 치기 어린 행동이었다. 무언가 내 태도에 문제가 있었기에 부장이 나를 꺾으려 그렇게 자극을 줬을 수도 있었을 것이다. 당시엔 젊은 혈기에 이를 받아들일 정도의 여유로운 마음이 나에게 없었던 듯 하다. 그날 밤늦은 시간, 선배가 집으로 찾아왔다. 설득하고 마음을 누그러뜨려 줬다. 결과는? 다음 날 출근해서 부장에게 "죄송하다."고 사과하고 다시 취재 현장으로 뛰어들었다. 서울경제에선 상사와 기자 간, 부서 간에 의견이 다르면 목소리를 높이는 일이 종종 일어났다. 거칠다고 볼 수도 있겠지만 위계에 가위눌리지 않는 기자정신을 키워준 언론사다운 분위기였다고 생각한다.

비판 정신으로 치열하게 문제를 제기하는 기자, 후배들의 뜻을 크게 꺾지는 않으면서도 균형감을 느끼게 하도록 슬쩍 옆구리를 찌르는 '넛지 행위'를 한 선배들. 이런 일상 속에서 선후배 간의 관계는 끈끈해 졌다. 서울경제는 조간신문이었기에 기사 작성은 점심을 하고 귀사한 후부터 마감 시간인 오후 4시 반 정도까지 이뤄진다. 당시는 컴퓨터가 없어 원고지에 기사를 작성했는데 피를 말리는 이 일이 오후에 진행된다. 짧은 기사를 쓰는 경우는 별문제가 없지만, 원고지 12매 이상의 해설기사를 갑자기 쓰게 되면 온 에너지를 짧은 시간에 쏟아 부어야 한다. 한 번은 오전에 법정관리 절차에 대해 취재를 해서 해설기사를 쓰라는 부장의 지시를 받았다. 복잡한 이슈였다. 취재원을 찾아 점심까지 같이하며 취재를 해서 회사에 들어왔다. 나는 원고지에 글을 쓰는 속도가 그리 빠른 편이 아니다. 말 그대로 죽을힘을 다해 기사를 써 내려갔다. 부장이 마음이 급했던지 원고지 한 장이 끝날 때마다 바로 가져가 수정에 들어갔다. 앞에 무엇을 썼는지를 제대로 확인할 겨를도 없이 식은땀을 흘려가며 마침내 원고지 12장을 마무리했다. 이 정도의 기사를 다 마치고 나면 진이 거의 다 빠진 상황. 사실 원고지로 글을 쓰는 건 무척 힘든 일이다. 일필휘지로 처음부터 끝까지 글이 잘되면 다행이지만 그런 일은 일어나지 않는다. 처음부터 글을 다시 쓰고 싶거나 중간에 일부 문장을 수정해야 하면 컴퓨터로 글 쓰듯 쉽게 수정할 수가 없다. 그때까지 쓴 원고를 찢어버리거나 일부를 쓰레기통에 던지기도 한다. 파지가 많이 나온다. 인고의 과정을 거쳐 글이 완성된다. 하지만 마감을 하고 나면 조간 특유의 '평화로운 시간'이 다가온다. 선후배들이 근처 목욕탕에 가서 사우나를 한 다음 이른바 '석양주'라고 부르는 음주 대화를 갖는 시간이다. 이 여유로움도 딱 가판신문이 나올 때까지이다. 타사 가판에 특종이 실렸을 때 해당 기자는 그때부터 다시 비상이다. 내용을 확인하고 맞으면 그 기사를 받아쓰곤 한다. 다행히 무사하게 이 시간을 보내고 나면 다시 선후배들이 저녁 자리를 갖고 사회나 회사 이슈 등에 대해 밤새는 줄 모르고 많은 대화를 나눴다. 타사 가판이 배달됐는데 아무런 일도 없었을 때 "신문 정말 잘 만들었네!" 하고 회사를 나설 때 느끼는 가벼운 기분이란… 밤에는 즐겁기도 했지만 힘들기도 했다. 술을 잘 못 했기 때문이다. 선후배들은 대부분 술에 관한 한 강자였다. 다음날 속이 쓰려 병원을 찾는 일도 많았다. '술 권하는 사회'를 그렇게 견디며 기자 생활을 해나갔다.

컴퓨터가 없던 시절에 나는 난필이어서 글씨체가 참 나빴다.

언뜻 보면 알아보기 힘든 글자도 많았다. 그런데 이 글 옆에 부장이 작은 글씨로 또 수정을 하면 원고는 '암구호' 그 자체였다. 당시는 원고가 완성되면 다른 직원이 그 원고를 보고 식자 하나하나를 뽑아 조판한 다음 인쇄를 해 신문을 제작하던 시절이었다. 어느 날 식자를 하던 분이 잔뜩 열이 받아서 올라왔다. "이거 누가 썼는지 모르겠는데 도저히 못 보겠으니 직접 뽑으라고 해~" 미안하고 숨고 싶은 기분이었다. "뭐 그래, 볼만 하구만" 부장의 한 마디에 안도의 한숨을 쉬었다.

휴대폰이나 컴퓨터가 없던 시절, 외부에서 취재 중인 기자와 회사에 있는 간부들이 서로 연락을 주고받을 방법은 출입처의 기자실 전화밖에 없었다. 취재하다가 기자실에 잠시 들르면 "회사에서 전화가 왔다"는 전언을 듣고 간부에게 전화를 걸곤 했다. 기자실을 맡고 있던 여직원과 좋은 사이를 유지하는 게 정말 중요했다. 억지로 이런 목적으로 접근하기보다는 기자들을 지원하기 위해 고생을 많이 하는 분들이어서 종종 식사도 대접하면서 친분을 쌓았다. 아침에 좀 늦게 나왔는데 회사에서 걸려온 전화에 "아직 안 나오셨는데요."라고 이분들이 응답하기보다 "취재 나갔는데요." 해주면 얼마나 고마운가. 오후에 회사에 들어와 있을 때 보도자료가 갑자기 나오는 경우가 있다. 이때도 좀 빠른 순서로 팩스를 보내주면 타사 기자보다 빨리 자료를 볼 수 있는 이점이 생긴다. 역시 모든 일이 그렇듯 기자도 주변 사람의 도움을 받아야 일이 수월하게 진행된다.

과학기술의 발달에 따라 기자들의 일상도 변화했다. 처음에는 기자와 회사가 서로 연락을 주고받을 수 있는 통로가 '기자실 전화' 밖에 없었는데 나중에 '삐삐'가 나왔다. 어딜 가든 회사 전화로 '8282(빨리빨리)'가 찍히면 회사로 급하게 연락을 해야 했다. 이러다가 휴대폰, 컴퓨터가 나오면서 상시 연락이 가능하게 됐다. 그만큼 소통이 활발해지고 생산성이 올라가는 과정이었지만 어떤 면에선 업무 부담이 커지는 상황이 됐다. 상시 연락이 가능하고 바로 취재해 빠르게 기사를 작성해야 하는 일이 종종 일어나곤 하니까. 어떤 직업이든 '아 옛날이여~', '그때를 아십니까'를 되뇌는 추억의 시기가 있을 법이다.

나는 1992년에 서울경제를 떠나 서울방송 SBS로 자리를 옮겼다. 당시만 해도 신문이 지고 방송이 뜬다는 개념이 그리 강하지 않을 때였다. 그런 추세를 보고 옮긴 것은 아니다. SBS에 있는 선배가 제안을 해왔고, 방송이라는 다른 매체 형식을 경험하고 도전해보고 싶어 전직을 결심했다. 서울경제에서 많은 것을 배웠다. 먼저 정론을 펴는 기자정신을 배웠다. 선후배들의 치열한 모습과 필봉 그 자체가 산교육이 됐다. 경제기획원과 한국은행, 금융권 등 중요한 경제부처를 출입하게 된 것은 경제 기자의 기초를 단단하게 다지는 값진 훈련의 기간이었다. 그 경험이 있었기에 평생 경제 기자로 활동하는 '밑천'을 마련할 수 있었다. 또 훌륭한 선배들 밑에서 경제 현상을 바라보고 분석하고, 기사를 작성하는 방법을 배웠다. 치열한 토론과 끈끈한 동료애는 내 안에 든든한 '기자 DNA'를 심어주었다.

2

펜 대신 마이크를 잡고

글과 말은 완전히 다른 세계다.

신문기자와 방송기자도 마찬가지다.

도전을 두려워하지 않았던 나는

전혀 다른 영역에서도 열정을 불태웠다.

SBS에서 첫 방송기자 생활을 시작하였고

한국의 CNN을 추구한

YTN의 개국에 힘을 실었다.

그리고 늦은 나이지만

배움에 대한 도전도 멈추지 않았다.

나는 기자다

새로운 도전, 방송인의 길

누구나 사회생활을 하다 보면 중요한 전기를 맞게 되는 경우가 있다. 나에겐 1992년 5월이 그런 시기였다. 83년부터 이어진 신문기자 생활은 '글쟁이'로 살아온 세월이었다. 한국경제 외신부에서는 국제경제 뉴스를 우리 시각으로 분석하는 일을 했고, 서울경제 정경부에서는 경제정책과 통화관리, 금융시장 동향 등을 취재하며 치열하게 현장을 누볐다. SBS에서 같이 일해보자는 제안이 왔을 때 방송이라는 새로운 형식에 도전하고 싶어 수락했다. 나의 이런 결정에 서울경제의 선배들도 만류했고, 일부 친한 취재원들도 "최 기자는 글을 써야 한다."며 말렸다. 그러나 새로운 일을 경험해보고 싶다는 마음이 커 전직을 실행에 옮겼다.

당시 SBS는 여의도에 있었다. 취재야 자신이 있었지만 말로 뉴스를 전달하는 방송에 적응하는 일은 걱정이 앞섰다. 배치된 첫 부서는 보도국 편집부였다. 이곳에서 2년 동안 일하면서 방송기자로 '털갈이'를 하는 훈련 과정을 겪었다. 편집부는 보도국 기자들이 작성한 기사들이 한 군데 모이는 '저수지' 같은 곳이다. 편집기자는 자기가 맡은 시간대의 TV 뉴스와 라디오 뉴스를 맡아 편집한다. 편집은 보도 부서에서 보내온 기사 중 중요한 기사를 선별하는 일이 우선인데 뉴스 프로그램 시간의 길이에 맞는 양만큼 기사를 골라낸 다음 중요도에 따라 순서를 정해 이른바 '큐시트'를 짜게 된다. 큐시트는 방송에 나갈 기사의 순서를 배열하고, 기사별로 그게 기자리포트인지 단신인지 또 영상이나 오디오 소스 등을 표시하는 방송의 종합 진행 계획표이다. 기자들이 작성한 단신 기사는 편집기자가 중요한 내용 중심으로 수정을 한다. 대개 여덟 자 정도를 2초로 계산하면 시간 계산이 맞아 들어갔다. 라디오 기사는 이 정도에서 일을 마치고 진행하는 아나운서에 넘기면 된다. 방송 기사는 화면에 들어갈 제목을 뽑고, 리포트 내용에 들어갈 자막 등을 확인하는 일이 이어진다.

나는 처음에는 라디오 뉴스 편집을 주로 하면서 TV 뉴스 진행을 옆에서 지켜보며 일을 배워갔다. 주변 선후배들의 친절한 멘토링이 크게 도움이 됐다. 시간이 흐르면서 저녁 5시 반 TV 뉴스와 새벽 뉴스, 오전 9시 45분 뉴스를 진행하는 PD 역할을 했고, 나중엔 주말 메인 뉴스인 8시 뉴스 진행도 맡게 됐다. 방송 PD로 2년 동안 일한 경험은 신문기자인 내가 생소한 영역인 방송의 전반을 이해하는 매우 유용한 계기가 되었다. 기사가 생산돼 뉴스를 제작하는 전 과정은 콘텐츠는 물론 방송 기술적 요소까지를 모두 체험하는 좋은 기회였다. 방송 뉴스 프로그램은 '실수 제로'를 구현해내야 하는 긴장도가 높은 일이다. 기사의 선별과 편집 등 준비 과정이 끝나면 실제 뉴스를 부조정실에서 송출하는 시간이다. 부조정실은 뉴스 제작에 참여하는 PD를 포함해 AD, 기술감독 등 기술요원들이 한자리에 모여 뉴스를 실시간으로 제작해 내보내는 장소이다. 실시간 방송인만큼 모두가 긴장하고 특히 이상 징후가 일어날 때는 큰 소리가 오가기도 한다. 뉴스 프로그램은 대개 끝나는 시간이 '몇 시 몇 분 몇 초'식으로 초 단위까지 맞춰야 한다. 그래서 PD는 진행 끝부분에선 정확하게 그 시간에 뉴스가 끝나도록 앵커나 아나운서와 '토크 백 Talk Back'(방송을 보면 진행자들이 귀에 이어폰을 낀 장면을 볼 수 있는데 이어폰을 통해 끊임없이 PD의 주문이 들어간다. 이를 토크 백이라고 부른다)으로 서로 소통을 한다. 시간에 맞추어 끝내기 위해 좀 빨리 읽어달라고 하든가 그 문장에 끝내 달라는 요청을 하면 아나운서는 끄떡끄떡하거나 손을 들어 '알았다'는 표시를 한다. 시청자들이 보는 화면에는 관련 자료화면이 나가고 있어서 실제로는 볼 수 없는 장면이다.

방송 진행을 할 때 PD가 초긴장하는 이유는 앞에서 말한 대로 '실수 제로'의 완벽한 프로그램을 실시간으로 완성해내야 하기 때문이다. 부조정실에 들어가면 수많은 모니터가 있다. 다른 방송사 뉴스도 볼 수 있고, 무엇보다 당일 뉴스에 사용될 화면과 자막들이 각각의 모니터에 있다. PD는 현장의 종합 지휘자이다. PD

의 한 마디에 모든 스태프가 움직인다. PD는 큐시트를 숙지하고 뉴스를 진행하는 아나운서 또는 앵커와 호흡을 잘 맞춰야 한다. 또 준비된 영상과 자막들이 송출된 기사 내용과 일치하는지를 짧은 순간에 판단하고 이를 방송에 내보낼 것을 지시하는 최종 게이트 키퍼이다. 예컨대 다음에 나갈 자막이 스탠바이 돼 있는데 오타가 발견되면 이를 화면에 넣지 말아야 한다. 이를 못 보고 내보내면 그게 바로 방송사고이고 이는 PD의 책임이다. 또 다음에 나갈 뉴스 아이템이 리포트인데 제작이 늦어져 방송 준비가 안 됐으면 뉴스 진행자와 토크 백으로 소통해 그 뉴스를 건너뛰고 다음 뉴스로 넘어갈 것을 지시한다. 가끔 뉴스를 보면 앵커가 '--기자가 보도합니다'라고 말했는데 해당 뉴스가 나오지 않아 앵커가 당황하는 모습을 보이는 때가 있는데 그게 소통이 잘 안 된 경우이다.

긴급 뉴스가 발생한 때도 종종 있다. 기존에 준비한 뉴스 큐시트를 무시하고 중간에 전화나 중계차 연결을 하는 긴박한 상황이다. 기사를 쓴 기자가 연결돼있는지, 원고가 앵커에게 전달돼있는지, 영상과 자막은 모두 준비됐는지를 확인한 다음 PD는 중간에 긴급 뉴스를 끼워 넣는 결정을 한다. 일이 이런 식으로 진행되니 뉴스 진행이 끝난 다음에는 기진맥진하게 된다. 실수 없이 방송이 끝나면 뿌듯하지만 실수가 있었던 날은 이만저만 낭패가 아니다. 뉴스 진행은 준비된 대로만 가면 큰 위험 변수는 없다. 하지만 긴급 뉴스 같은 돌발상황이 발생한 경우 부조정실은 야단법석이 난다. 그런 상황도 실수 없이 말끔하게 처리해야 하는 게 PD에게 주어진 과제이다.

가장 기억에 남는 장면은 1993년 2월 김영삼 대통령 취임식 생중계이다. 베테랑 선배가 PD를 맡고 나는 AD로 투입됐다. 카메라가 10대 이상 동원되는 생방송인 데다 대통령 취임식인 만큼 긴장도가 매우 높다. PD 혼자 카메라 10대가 준비한 영상을 다 볼 수 없으므로 선배와 내가 역할을 나눠서 반반씩 보기로 했다. 예컨대 축포 발사 후 비둘기를 날리는 순서가 되면 어떤 카메라가 비둘기를 잡았는지 내가 PD에게 알려주면 PD는 그 카메라가 잡은 영상을 송출하도록 기술진에게 지시하게 된다. 한 장면을 5초 남짓의 짧은 시간에 활용하니 취임식 내내 카메라맨들과 교감하며 정확한 화면을 만들어 송출하는 일은 거의 '전쟁'처럼 느껴지는 일이었다. 시청자들이 보는 생중계의 뒤에서는 이런 긴박한 일들이 벌어지고 있다. 당시 대통령 취임식이 열린 2월은 몹시 추웠다. 진행을 맡은 남녀 앵커 두 명은 여의도에 있는 한 건물의 옥상에 마련된 간이 스튜디오에서 혹한의 추위를 견디며 진행을 했다. 취임식 장면이 방송에 나가고 자신들의 모습이 안 보일 때면 추위에 힘들어하는 모습을 보이면서도 방송 화면에 본인의 모습이 나가면 아무런 일도 없다는 듯이 진행을 하는 것을 보며 역시 '프로'는 '프로'라는 생각을 하게 됐다. 이런 경험들은 소중했다.

원고지에 글을 써 기사를 작성하는 일만 해온 신문기자가 방송의 전체 시스템을 체험하고 그 일에 들어가 제작을 지휘하거나 지원하는 '살아있는 교육현장'이었다. 2년간의 뉴스 PD 생활을 통해 나는 어떤 뉴스 프로그램도 진행해낼 수 있는 방송인으로 변신했다.

신문과 확연히 다른 세상, 방송

SBS에서 2년간의 편집부 생활을 마친 나는 경제부로 배치됐다. SBS에서 일하자고 제안한 선배가 경제부 차장이어서 편안한 마음으로 부서 이동을 했다. 다만 이젠 글이 아닌 목소리와 영상으로 취재 내용을 전달하는 일에 적응하는 일이 큰 숙제로 주어졌다. 신문과 방송, 같은 미디어인데도 달라도 너무 달랐다. 방송사에 들어가 보니 이를 더욱 절감했다. 겉으로 드러난 차이도 일단 크다. 신문은 활자, 방송은 목소리와 영상으로 콘텐츠를 전달한다. 이 전달 방식의 차이가 일하는 방식의 차이로 나타난다.

신문기자는 기본적으로 '단독 플레이'이다. 본인이 현장에서 열심히 취재하고, 글을 잘 쓰면 된다. 필요한 사진은 사진부에 의뢰하면 사진 기자가 알아서 촬영한다. 기사는 컴퓨터나 모바일로 외부에서 회사로 보내면 된다. 데스킹과 교정, 편집은 회사에서 이뤄진다. 굳이 취재 기자가 회사에 들어갈 일은 없다. 취재 현장에 집중할 수 있는 시간이 많이 주어진다. 방송기자가 일하는 방식은 매우 다르다. 이슈가 정해지면 방송기자는 두 가지를 동시에 생각해야 한다. 원고 작성과 영상 제작이다. 원고 작성이야 본인이 알아서 하면 된다. 하지만 방송은 원고 내용을 영상으로 표현하는 것도 중요하다. 어떤 현장을 촬영해 보도 내용을 뒷받침할 것인지를 정한 다음 촬영할 현장과 인터뷰 대상 등을 직접 섭외해야 한다. 여기에서 시간이 걸린다. 일상적인 정책 발표 기사는 별 문제가 없지만, 고발 뉴스 같은 경우는 섭외 자체가 취재 성공 여부의 열쇠를 쥐고 있다. 섭외가 단번에 잘되지 않기 때문에 애를 먹기도 한다. 촬영을 위한 섭외가 끝나면 영상 기자와 한 팀이 돼 현장 취재에 들어간다. 여기에는 운전기사 등이 동반한다. 이 한 팀의 호흡이 잘 맞고 특히 영상 기자에게 취재의 취지를 잘 설명해줘야 일이 순조롭게 진행된다. 현장 촬영이 완료되면 방송기자는 회사로 들어와 찍어온 영상들을 살펴본다. 이 점이 신문기자와 방송기자의 다름을 구별하는 중요한 점이다.

신문기자는 취재 내용을 가지고 논리적으로 기사를 구성하면 된다. 하지만 방송은 영상 매체이다. 영상의 흐름을 구상하고 여기에 맞춰 글을 쓰는 게 방송다운 제작이다. 기사를 쓴 다음 영상은 거기에 맞게 대략 붙이면 되는 것 아니냐는 얘기도 있는데 이는 잘못된 생각이다. 소리 없이 영상만 보고도 내용이 무엇인지 알 수 있을 정도는 돼야 한다고 선배들이 얘기했는데 타당한 말이라고 생각한다. 신문기자는 원고를 넘기면 자기 일은 마무리된다. 방송은 글이 완성된 다음 다시 이를 녹음하는 일이 이어진다. 따라서 긴 문장보다는 짧은 문장으로 원고를 구성하는 게 맞다. 글이 어려워서는 안 되며 아주 쉽게 풀어나가야 한다. 신문 기사는 읽다가 이해가 안 되면 한 번 더 읽어보면 되지만 방송은 내용을 말로 들려주는 형식이어서 한 번에 듣고 바로 이해할 수 있을 정도로 쉽게 표현하는 게 필요하다. 방송기자로 전직한 후 노력을 많이 했던 일 중의 하나가 방송기자답게 원고를 읽는 훈련이었다. 세련된 목소리로 또박또박 프로페셔널의 목소리를 내기까지는 적지 않은 연습이 필요하다. 잘하는 기자들의 리포트를 듣고 따라 배우며 매일 신문 한두 페이지 정도를 읽어나갔다. 방송인의 전통적인 훈련 방식인 연필을 입에 물고 연습한 적도 많다. 어떤 원리인지는 모르겠지만 추측건대 입을 크게 벌리면서 구강 근육을 강화하는 효과가 있다고 믿었던 건 아닌가 싶다.

지금까지 말한 원고 작성과 녹음 외에 또 한 가지 해야 할 일은 방송 리포트에 들어갈 컴퓨터 그래픽을 의뢰하는 일이다. 또 필요할 때는 부조정실의 기술 스태프에게 요청해 특수효과를 삽입하기도 한다. 이 모든 선행 작업이 완료되면 준비된 콘텐츠를 한 군데 합하는 영상 편집이 이뤄진다. 시간 여유가 있을 때는 느긋한데 뉴스 시간에 쫓길 때는 피가 마르는 단계이기도 하다. 지금까지 얘기한 모든 일이 마무리되면 방송에 내보낼 수 있는 '완제품'이 파일 형태로 저장돼 뉴스 PD에게 넘겨지고, 방송에 송출된다. 지금까지의 얘기에서 잘 드러났지만 방송은 현장 촬영, 컴퓨터 그래픽 제작, 기술적 특수효과, 영상 편집 등 일련의 과정에서 많은 사람과 협업을 해야 리포트가 완성된다. 혼자 취재해서 기사 작성을 하는 것으로 일이 끝나는 신문기자와는 크게 다르다. 그러다 보니 협업 과정에서 마주치는 사람들의 마음을 얻어 본인이 원하는 질의 리포트를 제작해내려면 '공감 리더십'이 필요하다. 혼자만 잘나서는 일이 안 되며 주변 부서의 협조가 아주 중요하다.

방송기자는 자칫 콘텐츠의 깊이가 약점이 될 수 있다. 일단 콘텐츠의 길이가 매우 짧다. 신문기자는 짧은 단신 기사 외에 기자의 눈, 해설기사 등 길이가 긴 심층 기사를 쓰는 경우가 많다. 그래서 취재를 깊게 한 다음 논리 구성을 탄탄하게 해서 기사를 작성한다. 방송의 일반적인 리포트는 대략 1분 30초 정도 길이이다. 리포트를 만들 정도만 취재하기 십상이니 수박 겉핥기식이 될 가능성이 크다. 나는 그래서 후배들에게 자주 강조했다. '해설기사를 쓴다는 생각으로 깊게 취재한 다음 핵심을 리포트에 활용하고 나머지 취재 내용은 웹에 글로 써라'. 요즘은 방송 기자 중에 웹에 취재 뒷얘기나 심층 해설을 쓰는 경우를 보게 되는데 스스로 이런 노력을 하는 게 필요하다. 안 그러면 정말 '1분 30초' 정도 사고를 하는 기자가 될 수 있기 때문이다. 방송기자는 때에 따라서는 리포트 한 내용을 가지고 TV나 라디오 뉴스 프로그램에 출연하곤 하는데 이때가 취재를 깊게 해 내용을 전달할 좋은 기회이다. 방송 출연은 자신의 모습이 다 나와 긴장이 되곤 하지만 라디오는 목소리만 나오는 매체여서 편안하게 출연해 이야기를 풀어나갈 수 있다.

방송기자를 하는데 신문기자의 경험은 크게 도움이 됐다. 현장에서 심층 취재를 하고 이를 글로 작성하는 훈련이 잘 돼 있었기 때문이다. 취재 하나만은 자신이 있었다. 다만 이 장점을 십분 활용하기에는 애로사항이 적지 않았다. 무엇보다 출입처에 자주 나갈 수가 없었다. 리포트를 제작하는 데 처리해야 할 일이 많아 몸이 회사에 묶이는 시간이 많았다. 촬영 현장과 인터뷰 대상을 섭외하는 시간이 꽤 걸렸다. 촬영 현장에 나갈 때는 최소한 반나절 이상, 15초 내외의 인터뷰를 위해 한두 시간을 써야 했다. 그리고 앞에서 언급한 제작 과정을 다 마무리하기 위헤 회시에 계속 미물러야 한다. 절대 취재 시간이 너무 부족했다. 신문기자 시절에는 기사를 회사로 보낸 다음 다시 출입처에서 충분한 취재 시간을 확보하는 게 가능했다. 방송은 제작에 많은 시간을 써야 해 출입처를 비우는 일이 많았고 그러다 보니 정책의 흐름, 관리들의 고민, 뒷얘기 등에 대한 취재는 뒷전으로 밀렸고 이로 인해 취재의 감이 떨어지는 결과를 가져왔다. 이런 점이 안타까웠다. 그러나 방송이 갖는 장점은 영상 촬영을 위해 현장에 자주 나가다 보니 경제 현장의 목소리를 들어 현실 감각을 키울 수 있었다는 점이다.

방송 취재 현장 곳곳을 누비며

SBS 경제부에서 많은 리포트를 제작해 보도했다. 정부 부처 출입 기자였던 만큼 정책 보도를 하는 경우가 많았지만 르포나 고발 보도를 위해 현장에 뛰어들기도 했다. 방송기자로서 생생한 현장 취재는 흥미로웠다. 직접 체험했던 리포트 제작 사례를 소개해보려 한다. 방송 제작의 실상이 어떤지 그리고 그 안에서 어떤 일들이 생기는지를 얘기하고 싶어서이다.

가장 기억에 남는 취재는 1993년 제네바에서 있었던 우루과이 라운드 쌀 개방 협상이었다. 세계무역기구 WTO 체제 출범 논의가 진행되는 와중에 쌀 개방 협상 최종 타결을 위한 한미 협상이 제네바에서 열렸다. 쌀 개방 문제를 놓고 국내 여론은 들끓었다. 농민단체와 정치권의 반발이 거세게 일어나고 있었다. 이들은 제네바 현지에도 와서 삭발 항의를 하는 등 개방 반대 의사를 강하게 피력했다. 1993년 12월 초, 회사에 출근했는데 바로 제네바로 갈 준비를 하라는 부장의 지시가 떨어졌다. 부랴부랴 집에 들러 여권을 준비한 다음 가장 빠른 항공편을 섭외했다. 모스크바를 거쳐 짧은 노선으로 가는 비행기가 없어서 방콕과 아부다비를 거쳐 런던에 간 다음 런던에서 제네바로 가는 비행기를 갈아탔다. 거의 하루가 걸리는 이동 경로였다. 도착하자마자 바로 취재에 들어갔다. 쉴 틈이 없었다.

당시 정부 측 대표단은 허신행 농림수산부 장관을 단장으로 강봉균 경제기획원 대외조정실장, 최양부 청와대 농수산수석비서관, 박운서 상공자원부 1차관보 등으로 구성됐다. 에스피 미 농무장관을 단장으로 한 미국 측 대표단과의 협상은 난산에 난산이었다. 지리도 익숙하지 않은 제네바 현지에서의 취재와 방송은 그야말로 강행군이었다. 한국 시각에 맞춰 아침용과 저녁 8시 뉴스용 리포트 제작, 라디오 연결, 필요 시 저녁 8시 뉴스 전화 연결 등이 숨 가쁘게 진행됐다. 취재해서 원고 쓰고 제작한 다음 바로 위성 송출 계약을 한 제네바 현지 방송사에 달려가 한국에 리포트를 송출하고, 다시 돌아와 한숨을 돌린 다음 똑같은 과정을 반복하는 식이었다. 하루에 리포트를 두 개 만들고, 때론 방송 연결을 하는 일은 만만치 않았다. 밤늦은 시간에는 라디오 방송 출연을 위해 원고를 다듬은 다음 라디오 전화 연결을 하기도 했다.

30대 초반의 나이였지만 체력이 떨어져 갔다. 혹시 몰라 준비해 간 우황청심환을 먹으며 버텼다. 나중에 귀국해보니 당시 연합통신에서 '기자들도 녹초'라는 내용의 기사를 쓰며 "한 방송기자는 우황청심환을 먹으며 버텨내고 있다"고 보도했다고 한다. 기자들 모두 힘든 시간이었다. 그래도 전 국민의 관심사인 쌀 개방 협상의 진전 상황을 정확하고 빠르게 보도하기 위해 모두 최선을 다했다.

취재 현장에서 있었던 에피소드. 방송기자는 자신이 현장에 있다는 표식으로 자신이 직접 출연하는 '스탠드업'을 한다. 스탠드업의 위치는 리포트의 맨 앞, 중간, 맨 마지막 등 다양하다. 당시 이동을 위해 제네바 체류 기간 중 택시를 전세 냈는데 칠레 남성이 운전했다. 하루에 두 번씩 스탠드업을 외부에서 촬영하는 데 한국 사람들이 누군가. 암기에는 선수들 아닌가. 5분 남짓 되는 시간에 두세 문장을 외우는 건 그리 어려운 일이 아니다. 하루는 이 칠레 남성이 놀랍다며 "어떻게 그렇게 잘 외우는가. 얼마 전 미국 기자를 수행했는데 외우는 데 애를 먹더라"고 해 서로 웃기도 했다.

취재의 본론으로 돌아가자. 앞에서 말한 적이 있지만 방송기자로 시시각각 변해가는 취재 현장을 파악하는 것은 정말 어려웠다. 신문 기자들처럼 협상 현장을 떠나지 않고 밀착 취재를 해야 하는데 방송 제작을 위해 현장을 수시로 오래 비워두니 취재가 잘 될 리 만무했다. 답답한 마음에 친분이 있던 강봉균 기획원 대조실장 방을 찾아가 "몇 퍼센트로 개방하느냐"고 물었다가 까칠한 그분에게 "최 기자가 방송기자 하다 보니 감이 떨어져 그러는데 그렇게 대놓고 물어 보지마라"고 무안한 얘기만 들은 적도 있다.

귀국 후 저녁 자리를 했을 때 강 실장은 그게 마음에 걸렸는지 사과를 했다. 신문기자를 해본 적이 있는 나로선 취재의 흐름을 못 따라가는 게 안타까웠다. 더 아쉬웠던 일은 판단 부족으로 큰 특종을 놓친 것이다. 12월 13일, 한미는 양국 농수산장관 회의를 열어 쌀 개방 협상을 타결 지었다. 회의에 들어가던 정부 고위 관계자가 SBS 카메라 기자에게 '개방 유예기간 10년, 단계적으로 4%까지 개방'이란 내용을 흘렸다. 단 협상에서 바뀔 수도 있다는 단서 조건을 달았다. 나는 전화 연결을 위해 호텔에서 대기했다. 정부 관계자가 우리에게 흘린 내용은 그동안의 협상 과정에서 한미가 사실상 합의한 내용이었고 13일 회의는 이를 확인하고 공표하는 자리였다. 취재 현장에 없어 내막을 모르는 나는 말 그대로 "'10년, 4%'안을 가지고 막판 협상을 하는데 바뀔 수도 있다"고 보도했다. 사실상 이는 확정안이었기 때문에 '확정'으로 보도했어야 했다. 경쟁사인 다른 방송국이 이를 확정으로 먼저 보도해 고위직의 값진 제보를 어설프게 활용하는 잘못을 했다. 많은 고생을 했지만 이럴 때 아픔을 삼켜야 하는 게 기자의 숙명이다.

제네바 협상 취재는 해외에서의 치열한 취재 경쟁을 경험할 수 있었던 좋은 기회였다. 쌀 개방은 미국, 일본 등 국가도 관심이 큰 민감한 이슈여서 취재 경쟁에 해외 언론사도 참여했다. 한 번은 한미 실무협상이 열리는 제네바 교외 장소를 확인하고 급히 그리 갔는데 AP통신 기자가 이미 와있었다. 제네바 협상에서 절감했던 문제는 한국 기자들의 부족한 영어 구사 능력이었다. 쌀 개방 협상은 우리 정부 대표단이 브리핑을 해 주었지만 서비스 개방 등 다른 이슈는 여러 국가 기자들이 참여하기 때문에 영어 브리핑이 기본이었다. 일본 기자들도 능숙하게 영어로 질문을 하는데 한국 기자들은 일단 무슨 내용의 얘기인지가 파악이 잘 안 됐다. 해외 취재를 하려면 언어 구사 능력이 중요함을 절감한 때였다.

쌀 개방 협상 관련, 취재 후기가 한 가지 더 있다. 쌀 개방에 대한 국내 반발이 거셌기 때문에 정부는 초기에는 미국과의 접촉 자체를 부인하고 있었다. 1993년 11월경이었던 것으로 기억한다. 쌀 개방 이슈를 보도하기 위해 이 협상의 주무 부서인 경제기획원 대외조정실 촬영이 필요했다. 기획원의 허락을 받아 사무실 촬영을 했다. 촬영을 하게 되면 카메라 기자는 사무실 전경을 찍는 '풀 샷(Full Shot)' 외에 일하는 직원 얼굴과 컴퓨터 화면 등을 클로즈업하는 영상도 찍는다. 정보를 훔치기 위한 목적이 아니고 촬영의 'ABC'이다. 이 화면을 회사에 돌아와서 돌려보는데 컴퓨터 화면에 '이상한 서류'가 나왔다. 한미가 쌀 개방 협상을 놓고 이미 접촉하고 있다는 내용이었다. 이를 보도하는 게 맞다고 판단해 방송에 내보냈다.

우연한 기회에 녹음된 정부 고위층의 육성이 논란이 된 적도 있다. 노태우 정부 시절 정재석 씨가 경제부총리를 맡을 때 일이다. 당시 물가가 크게 들썩였다. 대통령의 지시로 광화문 정부 중앙청사에서 정재석 부총리 주재로 물가대책 장관회의가 열렸다. 물가가 문제가 되면 늘 들어가는 농산물 출하 확대, 담합 단속, 제조업 및 서비스 물가 인상 억제 등 단골 메뉴가 대책이었다. 회의 초기에 촬영을 끝내고 기자들은 철수했다. 그런데 SBS 카메라 기자가 착오로 카메라를 끄지 않은 채 회의실 밑에 내려놓고 나왔다. 회사로 돌아와 촬영 영상을 보는 데 기사들이 철수한 이후 정부총리의 육성이 녹음돼있었다. 물가는 시장 흐름에 맡겨야 하는데 정책으로 물가를 누르는 데 대해 불만을 토로하는 부총리의 발언이 담겨 있었다. 일견 일리가 있는 소신 있는 말이었다. 다만 대통령의 지시에 반기를 드는 모양새여서 보도하면 파장이 있을 수 있는 내용이었다. 부장에게 이를 보고하고 보도 여부를 여쭸다. 부장은 윗분들과 논의를 해보더니 보도 유보로 결론을 내렸다. 그리 틀린 말도 아니지만 가십 정도의 이슈로 논란이 이는 게 바람직하지 않다는 판단이었던 듯했고 나도 이에 동의했다. 보도는 하지 않되 경제기획원 측에 이런 일이 있었다는 것은 알렸다.

방송이 신문보다 강력한 점은 현장을 영상으로 생생하게 보여준다는 점이다. 신문기자도 물론 현장 르포 기사를 쓰긴 하지만 현장을 직접 보여주는 방송이 더 영향력이 크다. 고발 기사의 경우는 더욱 그렇다. 특히 방송은 현장 촬영을 '보도의 증거'처럼 제시해야 해서 오보의 가능성도 적다. 나는 경제부에서 근무할 때 다수의 고발성 보도를 했고, 이로 인해 관련 제도가 고쳐졌다. 작지만 의미 있는 변화를 가져오는 보도여서 뿌듯했다.

한 번은 중소기업들이 비공식적으로 부담하고 있는 준조세 실태를 심층 취재했다. 수도권의 한 공단을 찾아가 중소기업인들의 인터뷰를 시도했다. 민감한 주제인 만큼 피하는 기업인도 있었지만 두세 분이 용기 있게 인터뷰에 응했다. 예컨대 지역 경찰의 경비를 일부 부담하는 것 같은 준조세가 있음을 증언해주었다. 해당 보도는 방송을 탔고 이후 감사원이 실태조사에 들어갔다. 기업들의 준조세 부담을 덜어주는 정부의 개선 조치가 나왔음은 물론이다.

예식장의 끼워 팔기를 취재한 적도 있다. 식장만을 이용하고 싶어도 사진 촬영, 드레스 이용 등 다른 서비스의 이용을 강요하는 관행을 고발하기 위한 것이었다. 취재 기획을 하는 데 난감했다. 잠입 취재를 하려면 결혼 예비 후보로 위장해 접근해야 하는데 이를 어찌 해결할지 막막했다. 묘안(?)을 냈다. 친분이 있는 증권회사의 간부에게 취지를 설명하고 취재에 동행하는 것에 동의하는 여직원을 알아봐달라는 것이었다. 다행히 한 분이 고맙게도 이 고발 보도의 취지에 공감하고 동행해주기로 했다. 그래도 어색하기 짝이 없는 취재였다. 하지만 예식장을 몇 군데 옮겨 다니면서 '커플' 연기는 점점 익숙해졌고, 끼워 팔기를 강요하는 육성 등 취재량이 충분하게 확보돼 의미 있는 보도를 할 수 있었다.

주류 업계의 부당 거래 실태를 잠입 취재한 적도 있다. 무자료 거래를 취재하기 위한 목적이었다. 사안이 사안인 만큼 긴장되는 취재였다. 상대방이 항의나 저항을 할 수 있어 현장에는 나만 들어가고 카메라 기자는 외부에서 '원격 녹음'을 하는 취재방식을 선택했다. 와이셔츠 앞 부문에 잘 보이지 않게 무선 마이크를 감춘 채로 도매상을 만나 취재에 필요한 질문들을 던졌다. 제작에 필요한 육성 멘트를 확보했고, 이를 보도했다. 고발 보도는 이렇듯 위험을 감수하는 모험이다. 프랜차이즈 본사의 갑질을 보도했을 때는 보도 후 회사 측에서 나에게 찾아와 육두문자를 쓰며 항의한 적도 있다. 이런 부담에도 불구하고 경제 정의를 위한 고발 보도로 해당 문제를 개선하는 게 언론의 역할이기에 뒤돌아보면 의미 있는 취재 경험이다.

기자는 늘 관찰력과 호기심을 가지고 일상의 삶을 바라보는 게 중요하다. 그래야 익숙한 현상이 개선이 필요한 문제임을 알아채고, 이를 보도해 문제를 개선할 수 있기 때문이다. 나의 경우는 공과금 연체료에 대한 보도가 대표적 사례라고 할 수 있다. 매달 말이면 전기료, 통신요금 등 각종 공과금 영수증이 날아든다. 지금은 많이 개선됐지만 당시는 내야 할 금액 밑에 연체료가 정액으로 표시된 경우가 대부분이었다. 그런데 어느 날 이게 문제임을 깨달았다. 대출을 받았다고 생각해보자. 대출 이자를 제때 못 내면 늦게 낸 날 수만큼만 연체이자를 내게 돼 있고 이게 원리상 맞다. 그런데 공과금 연체 금액은 아예 정액으로 표기돼있었다. 하루를 늦게 내든 보름을 늦게 내든 연체료가 같다는 것은 원리상 맞지 않는 것이다. 하루 이틀 정도 늦게 내는데도 정해진 연체료를 내게 되면 연체료율 수준이 껑충 뛴다. 소비자에게 바가지를 씌운 셈이 된다. 그래서 늦게 낸 날 수만큼만 연체료를 내도록 제도가 고쳐져야 한다는 보도를 했다. 이 보도로 공과금 연체료 제도가 고쳐지는 계기가 됐다.

방송은 영상으로 스토리를 표현하는 매체인 만큼 영상의 완성도를 높이기 위해 시간을 많이 들인다. 패러글라이딩 수출 1위 업체인 중소기업을 취재한 적이 있었다. 공장을 촬영한 다음 실제 패러글라이딩 동호 회원들이 비행을 즐기는 것을 찍기 위해 서울 근교의 산 정상까지 올라갔다. 꼬박 하루가 걸리는 취재였다. 주말 리포트용으로 2분 30초 정도로 평소보다 긴 리포트를 제작했다. 부장이 데스킹을 마치는 순간을 기다리고 있었다. 그런데 부장의 날카로운 지적. "'야호'하면서 착륙하는 장면이 있어야 하는 것 아니냐"는 것이었다. 보완 취재가 필요했다. 동호 회원들의 일정에 맞춰야 해서 며칠 후 다시 취재를 나갔다. 이번엔 착륙 지점에서 기다리다 원하던 장면을 촬영했다. 해당 리포트는 다음 주말에 나갔으니 제법 시간이 걸린 셈이다.

보도와 동료애 사이에서 갈등한 보도도 있다. 출입 기자들은 통상 한 해에 한두 번 주말을 끼고 지방에 세미나도 하고 우의를 다지기 위한 행사를 한다. 내가 출입하던 재정경제원도 마찬가지였다. 지방행사를 앞두고 제보를 받았다. 북한의 경제관료가 주말에 입국한다는 것이었다. 북한 경제관료가 우리나라에 오는 것은 처음이었다. 갈등이 생겼다. 특종은 특종인데 이를 주말에 보도하면 지방행사에 가 있는 타사기자들이 부장으로부터 질책을 받을 것은 뻔한 일이었다. 짐작하시겠지만 선택은 특종 쪽이었다. 중요한 보도를 놓칠 수 없었다. 주말이 지난 후 타사 기자들을 만났을 때 민망함은 지금도 기억이 난다. 그런데 떠오르는 사례들이 특종을 한 경우여서 그렇지 타사의 특종 보도에 난감했던 적도 한두 번이 아니다. 기자는 그렇게 특종의 기쁨과 낙종의 슬픔을 오갈 수밖에 없는 직업이다. 기자들의 특종 경쟁으로 감춰진 문제들이 드러나 사회가 더 나은 방향으로 개선되는 선순환이 이뤄지는 것이니 특종 경쟁이라는 기자의 '숙명적인 운명'은 사회적 측면에선 유익한 것이라고 할 수 있다.

좋은 훈련은 기자를 성장시킨다. 외신부에서 수습기자를 훈련하는 한국경제신문의 독특한 정책 덕분에 경제기사 작성법을 배우고 국제경제에 대한 안목을 키울 수 있었다. 내로라하는 기자들이 포진했던 서울경제는 취재 경험이 없는 나를 믿고 한국은행과 금융권이라는 중요한 출입처를 맡겨주었다. 무엇보다 기자정신을 배우고 경제를 보는 깊은 시선과 순발력 있는 기사작성법도 습득했다. 많은 취재 인맥도 쌓을 수 있었다. 서울방송은 내가 신문기자에서 방송기자로 변신한 일터였다. 바로 취재 부서로 투입되지 않고 뉴스 PD를 하면서 뉴스 제작과 방송 제작 전반까지 배울 좋은 기회를 가졌다. 다시 취재 부서로 배치됐을 땐 그동안의 경험을 자양분 삼아 다양한 리포트를 하면서 방송기자로 자리를 잡아갔다. 일하는 언론사는 달라졌지만 전문 분야는 계속 경제였고 표현 방식만 글에서 말로 달라졌을 뿐이다.

나는
기자다

'한국의 CNN', 그 꿈을 향한 첫걸음

우리나라에 케이블TV가 도입되는 법적 근거가 마련된 것은 노태우 정부 시절인 1991년 12월 31일이다. 이날 국회에서 '종합유선방송법안'이 통과됐다. 지상파 중심의 기존 방송구조를 다매체 다채널 구조로 바꾸겠다는 정책 의지가 반영된 법률이었다. 그러나 CATV 설립이 본격 추진된 것은 문민정부 들어서이다. 당시 오인환 공보처 장관은 1993년 4월 1일 김영삼 대통령에게 새해 업무보고를 하면서 1995년 초에 CATV 방송이 본격 실시되도록 하겠다고 보고했다. 이후 본방송 실시 일정은 1995년 3월 1일로 확정됐다. 카운트다운이 시작된 것이다. 보도 채널의 경우 연합통신이 주축이 돼 설립을 추진했고, 1993년 8월 31

일 '연합뉴스TV(YTN)'이 최초 보도 채널로 선정됐다. YTN의 허가장 번호는 제1993-1호였다. 같이 허가를 받은 20개 법인 중 제일 선두였다.[1] 24시간 보도만 하는 '한국의 CNN'을 만들겠다는 야심 찬 꿈이 시동에 들어간 순간이다. 온종일 뉴스만 내보내야 하는 방송이니 취재 인력이 많이 필요했다. KBS, MBC, SBS 등 지상파 인력들이 속속 합류했다. 공채 채용도 병행돼 1기 29명, 2기 99명의 인원이 선발됐다. 나도 YTN 측으로부터 같이 일하자는 제안을 받았다. 기자로서 하루 내내 뉴스만 가지고 승부를 보는 '한국의 CNN', 매력적으로 다가왔다. SBS 선배들의 만류가 있었지만 결단을 내리고 'YTN호'에 경력 기자로 승선했다. 경제신문 외신부 기자에서 정경부 기자로, 이어 지상파 방송에서 보도 채널 기자로 계속 새로운 경험을 추가해가며 성장해가는 길을 선택했다.

YTN에 출근을 시작한 것은 개국을 두 달 정도 앞둔 1995년 1월. 나는 차장 대우 급으로 뉴스를 편집하고 진행하는 뉴스총괄부 팀장으로 발령을 받았다. SBS에서의 뉴스 PD 경험이 고려된 인사였다. 말이 24시간 뉴스이지 일정 시간대 뉴스만 소화해온 지상파 경험만으론 이를 어떻게 실현할지 감이 잘 안 잡히는 상황이었다. 뉴스총괄부는 지상파의 편집부와 유사한 기능을 했지만 더 포괄적인 일을 수행했다. 30분 단위로 뉴스가 송출되다 보니 취재 부서가 제작하는 리포트를 수동적으로 받아 편집하는 것만으로는 충분하

1) YTN(2005), "YTN 10년사"

지 않았다. 그래서 뉴스총괄부 PD들은 연합통신, 신문, 방송 등 다른 매체들의 보도를 눈여겨보면서 YTN이 놓친 뉴스를 커버해주도록 취재 부서에 요청하기도 하고 뉴스의 맥락을 짚고 있다가 필요하다고 판단되는 아이템을 다뤄주도록 주문하기도 했다. 뉴스 제작에 적극적인 영향력을 행사하는 편집을 한 셈이다. 뉴스총괄부는 아침 방송팀, 낮 방송팀, 밤 방송팀 세 팀으로 운영됐다. 나는 밤 방송팀장을 맡았다. 아침 뉴스팀은 새벽에 일찍 나와 밤사이에 들어온 사건 사고 소식, 외신, 조간 요약 등을 통해 하루를 출발하는 뉴스를 종합 정리하는 데 역점을 두었다. 낮 방송팀은 주간에 발생하는 정치, 경제, 사회 등 뉴스를 신속하고 정확하게 전달하는 게 중요했다. 긴급 뉴스가 많이 발생하는 시간대여서 업무 강도가 강한 편이었다. 내가 맡은 밤 방송팀은 오후 4시 정도 출근해 저녁 6시 뉴스부터 자정 뉴스까지를 커버하는 게 임무였다. 하루의 뉴스가 어느 정도 발생한 상태여서 긴박한 일은 그다지 일어나지 않는 시간대이다. 하지만 속보를 전하느라 다소 거칠게 나간 뉴스를 잘 다듬어 세련되게 내보내야 하는 일이 중요했다. 특히 밤 8시 뉴스는 지상파와 정면 승부를 겨루는 시간대여서 심혈을 기울인 편집을 했다. 매일 밤 12시 반이 돼야 일이 끝났다. 오후 늦게 출근해 새벽에 귀가하는 일상이었기 때문에 저녁 약속을 하는 것은 아예 불가능했다. 일을 마친 후 포장마차 회식이라도 하는 날에는 새벽에 집에 들어가기도 했으니 아파트 경비 아저씨가 무슨 일을 하는 사람인지 의아해 했을 것이다.

나는 YTN 합류 후 두 달간 기존 멤버들과 함께 개국 준비를 위한 강행군에 들어갔다. 한국 최초의 보도 채널인 만큼 다소 거칠더라도 가장 빠른 속보를 전달하는 시스템 구축에 모두가 전력을 기울였다. 마침내 1995년 3월 1일 오전 11시 58분 서울 종로구 수송동에 있던 연합통신 빌딩의 12층 YTN 1부조 안에서는 긴장 속에 '애국가 스타트'를 외치는 PD 콜이 있었고, 애국가에 이은 'YTN24' 뉴스를 시작으로 YTN이 첫선을 보였다. '살아있는 뉴스', '깨어있는 방송'을 슬로건으로 내건 YTN은 이때부터 쉼이 없는 24시간 뉴스체제의 깃발을 올렸다.

24시간 내내 뉴스를 한다는 것은 쉽지 않은 일이었다. 방송을 채울 리포트를 만들어 내기 위한 취재 부서의 부담이 우선 만만치 않았다. 언제든 생방송이 가능한 구조였기 때문에 YTN은 긴급 뉴스나 속보를 전하는 데 승부수를 걸었다. CNN과 마찬가지 방식이다. 취재 기자들은 중요한 사안이 발생하면 바로 기사를 작성해 서둘러 전화 연결부터 해야 했다. 지상파처럼 점잖은 방식의 리포트를 하는 건 그다음 일이었다. 회사 내부에서 뉴스를 진행하는 PD들도 힘들긴 마찬가지였다. 뉴스 PD는 뉴스 프로그램 하나를 진행해도 PD 석에 앉는 순간 온 신경을 집중해 완벽한 방송 송출을 해야 해서 피로도가 높은 편이다. 그런데 일단 출근을 하면 개인별로 뉴스 프로그램 세 개 정도는 진행해야 했다. 처음에는 이런 식으로 강행군을 하다가 쓰러지는 직원이 나오지 않을까 하는 걱정이 들 정도였다. 하지만 역시 사람은 적응의 동물이다. 시간이 흐르면서 업무의 효율성이 올라가 지상파보다 훨씬 많은 일을 하는데도 별문제 없이 일이 돌아갔다. 한국 최초 뉴스 채널의 새 지평을 열어간다는 자부심과 한국의 CNN을 만들겠다는 열정으로 합심해서 하나하나 벽돌을 쌓아간 시간이었다.

물리적으로 일 자체가 힘들었던 것 외에 개국 초기부터 상당 기간 YTN이 고전했던 것은 시청자 가구까지 연결되는 CATV 전송망이 잘 깔리지 않아 YTN을 볼 수 있는 가구가 50만 정도에 불과했기 때문이다. 전국적으로 방송이 송출되는 지상파에서 일하다가 방송의 존재 자체를 알리기 어려운 환경에서 일하는 건 스트레스가 됐다. 취재하려고 해도 취재원이 YTN은 잘 모르다 보니 어려움이 적지 않다는 얘기가 여기저기에서 들려왔다. YTN은 CATV 망이 전국적으로 깔리기까지 이 문제로 고생을 많이 했다.

하지만 YTN은 대형 사건 사고 보도에서 다른 방송국을 압도하는 차별성을 드러냈다. 1995년 4월 28일 대구시 상인동 지하철 공사장에서 도시가스 폭발사고가 발생했다. YTN은 30분 후인 오전 8시 21분 가장 먼저 특종 보도를 했다. 이후 사망자 신원을 최초 보도하는 등 후속 보도에서도 타사를 앞섰다. 1995년 6월 29일에 일어난 삼풍백화점 붕괴사고는 보도 채널로서의 YTN의 장점과 집중력이 부각 된 계기였다. 건물이 무너져 502명이 소중한 목숨을 잃은 안타까운 대형 참사였던 삼풍백화점 붕괴사고. 6월 29일 이날 오후 6시 직전에 보도국 사회부 기자가 현장에서 긴급히 보고를 해왔다. “삼풍백화점 건물의 반이 없어졌어요.”이 긴급 뉴스가 밤 뉴스팀으로 전달됐다. 지금도 생생히 기억이 난다. 백화점이 갑자기 붕괴한다는 것은 상상할 수가 없어 범죄행위에 의한 폭

파사고인지도 모르겠다는 웅성거림이 일었다. 6시 3분에 1보 보도가 됐다. 언론사 가운데 가장 빠른 보도였다. 이후 YTN은 정규 편성을 깨고 중계차를 투입해 생방송 특보체제로 돌입했다. 100여 명의 특별 취재팀이 투입돼 무려 39시간 동안 특보방송을 했다. 지상파 방송은 중간에 정규 방송체제로 돌아갔지만 YTN의 카메라는 지상파보다 20시간을 더 논스톱으로 붕괴 현장을 비췄다. 극적으로 생존자를 발견하고 구조에 큰 공을 세우는 보도도 있었다. 시간이 흐르면서 더 이상의 생존자가 없을 것으로 보고 구조대가 철수한 상황인 6월 30일 오후 1시 YTN 카메라 기자가 생존자의 소리를 녹음하는 데 성공했고, 곧 구조대가 투입돼 생존자가 구조되는 일이 일어났다.[2)]

삼풍백화점 붕괴사고 39시간 특보방송은 구성원 모두가 몸을 아끼지 않고 열정적으로 일했기에 가능했다. 밤을 새워 취재 현장을 지킨 취재 기자, 행여 생존자가 또 있을까 해서 현장 구석구석 카메라의 시선을 가져다 댄 영상기자, 현장의 취재를 바탕으로 진행 큐시트 없이 그때그때 임기응변식으로 방송을 진행해간 뉴스총괄부 기자들, 정해진 원고가 거의 없는데도 순발력 있게 현장 화면을 보면서 애드립으로 방송을 이어간 앵커들. 많은 사람의 열정과 헌신으로 시청자들에게 39시간 연속으로 붕괴 현장의 구조 소식을 생생하게 전할 수 있었다. 보도 채널이 뉴스의 인프라로서 왜 중요하고 필요한지 YTN의 존재가치를 한국 사회에 각인시키

2) YTN(2005), "YTN10년사"

는 중요한 계기가 됐다. 삼풍백화점 붕괴사고 생방송은 YTN 구성원들에게도 많은 의미를 남겼다. 개국 4개월밖에 안 돼 아직 시스템이 갖춰지지 않은 상태에서 대형 뉴스가 발생해 처음에는 허둥대기도 했다. 뉴스를 진행하는 부조정실은 초긴장 그 자체였고 방송 진행을 위해 서로 긴박하게 정보를 주고받는 소리가 끊이지 않았다. 진행 큐시트 없이 진행되는 생방송이다 보니 중간 중간에 생기는 방송사고는 감수할 수밖에 없었다. 39시간의 생방송이 끝나자 모두 기진맥진했다. 하지만 '우리가 해냈다'는 자신감이 생겼고, 실제로 그 이후 웬만한 생방송은 어렵지 않게 소화해냈다.

나는 기자다

외환위기, 월급을 못 받아도 꺾이지 않았던 기자정신

지난해 영화 '국가 부도의 날'을 봤다. 사실과 부합되지 않는 면도 있었다. 하지만 이 영화는 1997년 외환위기 당시 무슨 일이 있었는지, 정부의 실책은 무엇이었는지, 기업과 금융기관들은 무엇을 잘못했는지, IMF를 앞세운 미국은 구석에 몰린 우리 정부에 얼마나 무리한 지원 조건을 들이댔는지, 약삭빠른 사람들은 그런 상황 속에서 자신들의 이익을 어떻게 챙겼는지 등 우리 사회의 다양한 자화상을 역사의 증언처럼 스크린에 담고 있었다. 현장 취재 기자로서 깊게 경험한 참혹한 사태였기에 영화를 보면서 눈시울을 적시기도 하고 가슴이 아팠다.

1997년은 출발부터 스산했다. 1월 23일 한보철강 그룹이 부도 처리된 데 이어 3월 19일에는 삼미그룹이 그 대열에 합류했다. 외환 위기의 쓰나미가 태국, 필리핀, 말레이시아, 인도네시아로 확산하더니 10월 들어 주가가 폭락하고 달러화 가치가 폭등하는 등 우리나라도 영향권에 들기 시작했다. 11월 1일에는 해태그룹이 부도를 냈다. 한국경제에 대한 대외신뢰도가 떨어지면서 갚을 때가 된 외채는 만기연장이 안 됐고, 새로 돈을 빌리는 건 불가능해졌다. 1997년의 겨울은 유난히 추웠다. 나라의 곳간인 외화 보유액이 바닥을 보였다. 이대로 가면 나라가 부도나는 사상 초유의 상황. 정부는 마침내 11월 21일 국제통화기금 IMF에 구제금융 지원을 요청했다고 공식 발표했다. 스스로 문제를 해결할 능력이 없으니 긴급 자금을 수혈해달라고 백기를 든 것이었다. IMF와 실무협상이 시작됐다.

영화 '국가 부도의 날'에서 잘 표현된 대로 IMF 뒤에는 미국이 있었다. 미국의 이해를 대변하는 IMF는 급전을 무조건 대주는 '천사'가 아니었다. 우리의 약점을 활용해 미국 자본의 이해를 반영하는 무리한 조건들을 들이밀었다. 경제가 결딴난 나라에 30%의 고금리 시행을 요구했고 이를 관철했다. 부채비율이 높은 한국 기업들이 사경으로 몰릴 것은 불을 보듯 뻔한 일이었다. 자본시장은 외국 자본이 쉽게 들어올 수 있도록 빗장을 활짝 열게 했고, 해고를 쉽게 하는 노동시장의 유연화도 지원 조건에 포함했다. 협상에 참여했던 한 정부 관리가 "fake(이건 사기다)!"라고 외치고 협상장을 박차고 나왔다는 얘기가 들릴 정도였다. 하지만 우린 힘이 없었다. 가혹한 요구 조건을 울며 겨자 먹기로 받아들일 수밖에 없었다. 12

월 3일 정부와 IMF는 583억 달러의 자금지원에 합의하고 이를 공식 발표했다.

당시 나는 YTN의 뉴스총괄부에서 경제부로 옮겨 차장급 기자로 재정경제원을 출입하고 있었다. 외환위기가 터지자 위기 취재팀장을 맡았다. 같이 일한 팀원은 송태엽 현 YTN 해설위원실장, 이재홍 현 TV조선 사회부장이었다. 국가가 부도 위기에 몰린 상황이니 종전에는 생각할 수 없었던 대형 이슈들이 무더기로 터져 나왔다. 새마을 금고 하나만 무너져도 신문 1면 톱으로 대서특필되던 때였는데 나라가 무너질 판이 됐으니 말이다. 대기업과 금융기관들이 휘청거렸다. 우리 팀은 나라가 위기에 직면한 비극적인 상황을 헌신적으로 취재해 국민에게 알렸다. 가장 기억에 남은 일은 1997년 11월에 있은 정부와 IMF 협상팀과의 자금지원을 위한 실무협상 취재였다. 당시 IMF 협상팀은 휴버트 나이스 아시아태평양 국장이 주도했다. 협상은 이들이 묶고 있던 힐튼호텔에서 진행됐다. 기자들이 진을 치고 협상의 진행 상황을 알기 위해 열띤 취재에 들어갔다. 하지만 기자 접근을 차단한 채 비밀리에 진행되는 협상이어서 정보를 얻는 게 쉽지 않았다. 어느 날 아침 나이스 국장이 조식을 하러 호텔 레스토랑에 나타났다. 우리 팀의 막내인 이재홍 기자가 나이스 국장과 마주 앉았다. 공교롭게 이때 경비들이 다른 기자들의 접근을 막아 이 기자가 나이스 국장과 단독으로 대화를 나눌 수 있는 행운이 주어졌다. 평소 적극적이고 순수한 이 기자는 나이스 국장에게 짧은 영어로 "Look at my eyes.(내 눈을 보세요) I am courage.(난 용감합니다)"라고 말하면서 취재에 응해 달라고 요구했다. 이 기자의 열정이 가득한 순수한 말이 나이스 국장의 마음을 움직였다. 나중에 알게 됐지만, 나이스 국장은 이 기자의 스타일이 자기 아들과 비슷해 마음을 열게 됐다고 한다. 이후 나이스 국장은 YTN에 수차례의 단독 취재 기회를 제공해 타사의 부러움을 샀다. 나이스 국장과의 단독 회견은 물론 협상팀 전체와의 단독 회견까지 허용했다. IMF 협상 팀원 전체와의 단독 회견은 정말 '대박'이었다. 밤에 힐튼호텔에서 회견을 마치고 호텔 건너편에 있던 회사로 돌아와 같이 밤을 새우며 인터뷰 내용을 번역하고 리포트를 제작해 새벽 방송에 송출했던 뿌듯하고 짜릿한 기억이 눈에 선하다. 협상이 종료된 다음 나이스 국장은 이 기자의 집을 직접 방문해 우리 취재팀과 저녁을 같이 했다. 외환위기 10년이 된 2007년에 이 기자와 나는 오스트리아 빈에 있는 나이스 국장의 집을 방문해 인터뷰하기도 했다. 비밀협상이 진행되는 와중에서 국제기구 고위직의 마음을 산 이 기자, 취재는 이렇게 하는 것이라는 전형을 보여준 자랑스러운 후배이다. 또 경제는 물론 법조 등 사회부 출입 경험이 많은 송태엽 기자는 외환위기라는 긴박한 상황 속에서 큰 판을 보면서 취재의 맥락을 잡아가는 데 중요한 역할을 했다.

다시 외환위기 당시로 돌아가 보자. 우리 경제는 IMF로부터 긴급 자금 수혈을 받아 위험한 고비는 넘겼지만 그게 바로 또 다른 고통의 시작이었다. IMF 프로그램에 따라 대기업과 금융기관의 구조조정이 본격화되고 많은 근로자가 실직의 아픔을 겪게 된다. 이

여파가 YTN에도 미치기 시작했다. 멀쩡한 대기업들이 부도가 나고, 거의 모든 기업이 자금난을 겪으면서 광고 물량이 급격하게 줄어들었다. 1995년에 개국해 적자를 지속하고 있던 YTN은 '바람 앞의 등불'같은 신세가 됐다. 1998년 초부터 회사 금고가 바닥나 월급을 줄 수 없게 됐다. 급여를 받지 못하는 상황이 반년이나 이어지니 직원들은 정말 죽을 맛이었다. 적금은 깨는 것은 물론 나중에는 보험까지 해지해야 했다. 나도 마찬가지였다. 방송은 매일 나가야 하는데 후배들에게 일을 시키는 것조차 미안한 상황이었다.

나는 위기일수록 더 마음을 추스르기로 각오를 단단히 다졌다. 마음을 독하게 먹었다. 타사기자들에게 청승맞은 모습을 보이기 싫었다. 자존심 하나로 버텨나가기로 했다. 후배들에게 종전보다 더 열심히 일하자고 독려했다. 선배로서 솔선수범하기 위해 출입처인 재정경제원에 아침 일찍 나갔다. 사무실을 청소하는 이른 시간에 출근하는 게 다반사였다. 재정경제원 관리들이 한 명 두 명 사무실에 들어오는 시간이 되면 커피를 하며 시간이 허락하는 대로 한 명 한 명 만나는 일상을 되풀이했다. 그러다 보니 제법 많은 정보가 쌓여 후배들이 사무실에 올 때쯤 되면 기사 한두 건을 제작할 수 있는 정도가 될 때가 많았다. 후배들도 잘 따라주었다. 자신들이 보완 취재를 해서 기사의 완성도를 높인 다음 리포트를 제작했다. 언론계의 고정관념이란 게 있다. 상대적으로 심층 취재를 한 긴 글을 쓰는 신문 기자들은 제작에 많은 시간을 투자하느라 출입처에 잘 나오지도 못하고 1분 30초 정도의 짧은 리포트만을 하는 방송 기자들을 한 수 아래로 보는 경향이 있다. 신문기자를 하다가 방송기자로 전직한 나는 이걸 알기에 그런 대접을 받기가 무척 싫었다. 월급도 받지 못하면서 우리는 말 그대로 미친 듯이(?) 일했다. 다수의 특종기사를 만들어 냈고, 신문 기자들은 이를 받아쓸 수밖에 없었다. '기아자동차 법정관리'는 특종 가운데 하나였다. 당시 기아자동차 처리문제를 둘러싸고 말이 많았다. 특정 기업 인수설이 돌았지만 무산되면서 처리방안에 대해 촉각이 곤두서있었다. 취재 차 이동을 하려고 엘리베이터를 탔는데 재경원 고위 간부가 장관실로 가기 위해 급하게 서류를 들고 탔다. 살짝 서류를 곁눈질하니 '기아자동차'라는 글자가 보여 혹시 '법정관리인가요'하고 물었다. 다른 방안이 없어 법정관리가 유력한 방안으로 떠오르던 때였다. 그 고위 간부가 고개를 끄덕거리며 보고서류를 보여줬다. 엘리베이터에서 내리자마자 기자실로 달려가 급하게 기사를 작성하고 전화 연결을 통해 '기아자동차 법정관리' 1보를 날렸다. 특종이었다. 일을 이런 식으로 하니 "저 친구들 월급도 못 받는데 미친 것 아니냐"는 말이 실제로 기자실에서 나왔다.

후일 공기업들의 투자가 이뤄지면서 YTN은 회생의 길로 들어섰다. 위기 상황에서 회사와 취재 현장을 지키며 끈질긴 기자정신과 열정, 헌신으로 YTN의 성가를 드높인 우리 재경팀, 정말 자랑스럽다. 당시가 가장 기억에 남는 취재 현장이다.

YTN 회생 후 해외 연수의 길로

경제부에서 맡게 된 재정경제원은 나에겐 익숙한 출입처였다. 서울경제에서 재정경제원의 전신인 경제기획원을 출입한 데 이어 SBS에서도 정부조직개편으로 경제기획원과 재무부가 통합한 재정경제원을 출입했기 때문이다. 출입처 관료들도 잘 아는 사이였다. 하지만 가깝게 지내면서도 언론으로서의 견제 역할을 하기 위해 그들을 향해 비판적 기사를 쓰는 건 어쩔 수 없는 언론인으로서의 사명이었다. 한 번은 '관관접대'가 사회적 문제가 됐다. 각 정부 부처와 지자체 관료들이 필요한 예산을 따내기 위해 예산실 관료들을 접대해온 관행이 문제가 된 것이다. '관의 을'이 '관의 갑'을 접대하는 데 대해 비판 여론이 확산됐다. 나는 실제 사례에 대한 취재에 들어갔다. 종종 들르던 한 국장 방에 가서 비서에게 국장의 약속 리스트를 보여줄 수 있느냐고 물었다. '설마 알려줄까'하는 마음으로 물어본 것이었다. 그 비서는 조금 망설이다가 나에게 약속 리스트를 보여주었고, 나는 해당 자료를 복사했다. 부장에게 기사 내용을 보고한 다음 기사 작성을 해 회사로 보냈다. 여기에서 사단이 일어났다. 해당 국장이 뒤늦게 사실을 알고 와서 앞뒤를 따져보지도 않고 큰 소리로 "왜 자료를 훔쳐 갔느냐"고 거칠게 항의했다. 비서의 협조를 받은 것이지 자료를 절도한 게 아니었는데 막무가내였다. 부장과 상의했다. '관관접대'의 잘못된 관행에 대한 문제 제기라는 대의를 위해 보도를 강행했다.

재경원을 오래 출입하다 보니 한 해 나라의 살림살이인 예산 기사를 쓰는 방식에 대해서도 어느 정도 이골이 난 상태였다. 다른 기자들이 잘 모르는 '비법'도 있었다. 예산실 소속 몇몇 과를 개별적으로 취재하면 상수도, 전기, 대학 등록금 등 공공요금의 다음해 인상 폭을 알 수가 있었다. 이들 요금을 어느 정도 올릴지를 정해야 예산 지원액이 결정되기 때문이다. 공식자료에는 이들 요금의 예상 인상률이 나오지 않는다. 당시는 전체 예산의 증액 폭이나 내용에 그다지 인상적인 게 없어 공공요금 인상 중심으로 기사를 쓰기로 하고 취재한 다음 타사기자들하고도 이 내용을 공유했다. 이 때문에 대부분 매체의 예산 기사 주 내용이 공공요금 인상 폭으로 다뤄졌다. 예산실에서 반기는 내용은 아니었다. 이렇듯 출입처가 알리고 싶은 내용과 기자가 전하고 싶은 내용이 엇갈리는 경우가 있다. 언론은 국민이 더 알고 싶어 하는 내용을 다루는 게 맞다.

앞에서도 언급했지만 97년 말의 외환위기를 겪으면서 그 여파로 YTN도 경영난이 심화 됐다. 광고매출이 급감한 데다 주거래은행인 상업은행도 더 이상 자금지원을 할 수 없다고 손을 들었기 때문이다. 이에 따라 1998년 1월에 지급되는 1997년분 연월차 수당이 지급되지 않았다. 2월부터는 월급이 안 나왔고 이 상황이 7월까지 반년 동안 이어졌다. YTN 10년사는 당시 상황을 이렇게 전한다. "교통비가 없어 출근을 못 하거나 겨우 분가했다가 다시 부모님 밑으로 들어간 직원, 퇴근 후 가전제품 배달에 나서거나 아파트 중도금을 내지 못해 해약하는 동료가 생겨났다. 무급을 견디다 못해 퇴사하는 직원까지 속출했다. 월급이 제대로 나오지 않던 1998년에 그만둔 사우만 88명(전체 인원의 16%)나 됐다." 모두가 어려웠다. 나도 마찬가지였다. 요구불 예금에 들어있던 돈이 바닥나자 적금을 깼고 나중엔 보험까지 해약했다. 고향에 계시는 어머님께 보내드리던 돈도 송금할 수가 없었다. 하지만 나는 회사를 떠나지 않고 지켰다. 위축된 모습을 보이는 게 싫어 출입처에 더 일찍 나가고 더 열심히 일했다. 2017년 말 YTN 사장으로 선임됐을 때 일부 후배들은 나를 'IMF 위기 때 회사를 떠난 사람'이라고 비판했는데 전혀 사실과 다르다. 나는 회사가 정상화될 때 같이 꿋꿋이 회사를 지켰고, 회사가 정상화된 다음에야 해외 연수길에 올랐다.

회사 경영이 어려워지자 당시 정주년 사장은 대주주들과 협의해 감원을 논의하기 시작했다. 당시는 노조가 없었기 때문에 이 문제에 대응하기 위한 사원대표들이 구성됐다. 나도 대표로 참여했다. 나는 경영진과 사원대표 연석회의에서 다른 대표들과 함께 감원의 부당성을 역설했다. 개국 이후 '한국의 CNN'을 만들겠다는 꿈 하나로 지금까지 헌신적으로 달려온 직원들에게 감원의 메스를 들이대는 건 있을 수 없으며 고통을 분담하는 방법을 찾아야 한다고 강조했다. 사원들의 반발이 거세지자 사 측은 감원 카드를 접었다.

이런 와중에 경영정상화를 위한 수순이 착착 진행됐다. 증자 추진을 위해 증자 여력이 없던 1대 주주 연합통신의 지분 30%를 한국전력의 자회사인 한전KDN이 인수했다. 1997년 12월 2일의 일이다. 하지만 경영을 정상화하는 일은 산 넘어 산이었다. 이 일은 1998년 9월 14일 장명국 사장이 취임하면서 본격화됐다. "경영 없는 방송은 존립할 수도 없고, 존립해서도 안 됩니다."라는 말로 경영혁신의 깃발을 든 장 사장은 1200억 원 증자를 실현했다. YTN이 회생의 발판을 마련하는 역사적 순간이었다. 이 과정에서 직원들도 체불임금의 50%인 32억 5천만 원을 회사에 출자했다. 장 사장의 경영 개혁조치들은 과감하고 빨랐다. 아침 간부회의 시간도 오전 7시로 당겨졌다. 겨울철에는 어두컴컴할 때 출근해 아침 회의를 마치고 조찬을 위해 청진동으로 향했다. 지금도 그때가 눈에 선하다.

장 사장이 재직 시 인상적이었던 일을 하나 소개한다. 재정경제원 취재 중 농촌에 대한 퍼주기식 지원을 비판하는 보고서를 작성한 중간 간부가 있었다. 이 간부의 동의를 얻어 이 보고서를 보도했다. 문제는 이 보도를 본 청와대에서 농촌 지원이라는 정책 목표와 반대 내용의 보고서를 쓴 사람을 색출하라는 지시가 내려왔다. 오래지 않아 해당 간부가 매우 어려운 상황에 부닥쳤다. 이 내용을 장 사장에게 보고했다. “그런 관리는 우리가 보호해야 합니다.” 장 사장은 바로 재경부 차관에게 전화해서 해당 관리를 잘 보호해달라고 부탁했다. 장 사장의 전화 한 통으로 아무런 일 없이 해당 문제가 마무리됐다. 사장이 직접 나서 제보자를 보호하는 모습은 인상적이었다.

사내외의 다양한 일을 겪으면서 1999년을 맞았다. 나는 회사도 정상화되고 했으니 해외에 나가 일정 기간 공부를 하고 싶다는 마음이 들었다. 그동안 기자로 달려만 왔는데 공부를 통해 지식도 보충하고 해외 견문도 쌓고 싶었다. 그래서 당시 대우그룹이 운영하던 서울 언론재단이 공모한 언론인 해외 연수에 지원했고, 연수생으로 선발됐다. 남들은 젊은 기자 시절에 떠나는 해외 연수를 나는 38살의 나이에 가게 됐다. 학교는 몇 군데 지원했는데 미국 뉴저지 소재 럿커스 대학과 워싱턴주 소재 워싱턴주립대학에서 입학 허가가 왔다. 생활비가 더 적은 워싱턴주립대학을 선택했다. 해외 연수였지만 그냥 여행 다니며 놀기보다 학위를 하고 오는 게 좋을 것 같아 학위 과정에 지원했는데 운 좋게 합격했다. 마침내 1999년 6월 나는 해외 연수 겸 유학길에 오른다. 공항에 나갔는데 경제부 안근모 기자가 공항까지 나와 배웅해주었다. 후배의 배웅을 받고 떠나는 길, 첫 해외 거주의 기회였기에 설레기도 했지만 막막함으로 걱정이 앞서기도 했다.

1995년에 입사해 1999년 해외 연수길에 오르기까지 4년여 동안 YTN에서 우여곡절을 통해 정말 많은 것을 배우고 느꼈다. 무엇보다 한국 최초의 24시간 보도 채널의 기초를 닦고 주춧돌을 세우는 일에 참여한 것에 대해 자부심을 느꼈다. YTN의 앞길을 개척해 가는 길에는 적지 않은 암초가 있었다. 개국 초기에는 24시간 뉴스를 한다는 것 자체가 큰 부담이었고, 게다가 시청 가구도 얼마 되지 않은 구조적 문제에 직면했다. 삼풍백화점 붕괴사고 등 안타까운 대형 참사가 시시각각 현장의 상황을 생방송으로 전하는 보도채널의 중요성을 한국 사회에 각인시켜 주었다. 그러나 이 기회의 깃발도 잠시 펄럭이다 멈출 뻔했다. 외환위기의 쓰나미가 몰아닥치면서 회사의 금고가 바닥나 문을 닫을 수도 있는 절체절명의 위기에 직면했다. 그러다 공기업들이 참여하는 대규모 증자로 YTN은 회생과 정상화의 길로 들어섰다. 말 그대로 '청룡열차'를 타는 듯한 굴곡과 시련의 과정이었다. 후배들과 함께 주눅 들지 않고 한 발 한 발 앞만 보며 묵묵히 일하면서 회사를 지켰고 그러는 사이 풍파는 잔잔해졌다. 위기는 이를 용기 있게 헤쳐 가는 자에게는 기회가 된다고 했다. YTN이 그랬고 그 과정에서 나도 단단해졌다. 힘들었지만 값진 경험이었다. 해외 연수 길에 오르는 발걸음이 가벼웠다.

나는 기자다

시애틀에서 배우고 가르치고

막 더워지기 시작하는 서울을 뒤로하고 시애틀에 도착했다. 시애틀은 한국의 가을 날씨 같아 도시 전체가 냉방이 된 듯한 느낌을 주었다. 집은 시애틀 북쪽 소도시 쇼라인(Shoreline)의 아파트 '밸린저 커먼스'로 정했다. 한국인들이 많이 살아 '아리랑 단지'로 불리는 지역이었다. 학교까지는 버스로 2,30분 정도 걸리는 멀지 않은 곳이었다. 워싱턴주립대학(UW)은 쿼터제로 운영되는 학기여서 각각 10주씩의 봄, 가을, 겨울 학기가 있었다. 첫 학기는 8월 말에 시작되는 가을학기였다. 나는 미리 현지 적응도 하고 학과 공부와 영어 준비를 하기 위해 6월에 시애틀에 들어갔다. 학교를 떠난 지가 오래된 점을 감안해 바로 영어 준비를 위해 '랭귀지 스쿨'에 들어갔다. 뒤돌아보니 크게 도움이 되지는 않았던 것 같다. 미국인이 교사였지만 같이 공부하는 학생들이 주로 아시아지역에서 온 학생들이었다. 영어를 잘 못하는 외국인들끼리 짧은 기간 동안 서로 회화 연습을 하다 보니 영어가 크게 늘지 않았다. 나는 영어 연습을 하면서 경제학 공부에 필수적인 수학과 통계학을 집중적으로 학습했다. 수학과 통계학을 공부한 지가 너무 오래돼 잘 따라갈 수 있을지가 걱정되어서이다. 거시경제학과 미시경제학 등 경제학 개론서도 훑어보았다.

마침내 8월 말 개강. UW 교정은 참 아름다웠다. 고풍스러운 건물들과 멋지게 조성된 조경은 시애틀의 아름다운 날씨와 잘 어울렸다. 시애틀의 여름은 정말 환상적이다. 6월부터 9월 정도까지 구름 한 점 없는 파란 하늘이 이어진다. 어떻게 그게 가능한지 놀라울 정도다. 해는 새벽 4시경 떠서 밤 10시쯤 진다. 기온은 한국의 가을 날씨 정도. 공부하기 아까운 날씨이다. 시애틀의 여름만을 기억하는 사람들은 시애틀을 그저 '환상적인 도시'로만 기억한다. 하지만 시애틀의 겨울은 정반대이다. 네다섯 달 동안 거의 매일 가랑비가 내리고 해도 일찍 지고 늦게 뜬다. 겨울에 우울증 환자가 많은 도시이다. 비가 늘 오다 보니 아예 모자가 달린 우의를 항상 입고 다녀야 한다. 물론 우산도 휴대하지만 가벼운 비는 모자를 덮어쓰고 피한다. 시애틀은 위도가 만주와 비슷하고, 푸조해협을 끼고 있어 이런 날씨가 펼쳐진다고 한다. 여름과 겨울을 다 겪어봐야 시애틀을 제대로 안다고 할 수 있다. 시애틀이 속해

있는 워싱턴주는 백인 비율이 높은 곳이다. 그런데도 당시 주지사는 중국인이었다. 머니투데이방송 재직 시절에는 방한한 워싱턴 주지사와 대담을 한 적이 있는데 내가 UW 출신이라고 하니 무척 반가워했다. 시애틀은 캐나다와 가까운 점이 큰 장점이다. 차로 2시간 반 정도 달리면 국경을 지나 캐나다에 들어설 수 있다. 주말에 바람 쐬러 밴쿠버와 빅토리아 섬 등 캐나다를 갈 수 있는 좋은 입지조건이다.

시애틀 얘기를 하다가 얘기가 곁길로 샜는데 다시 학교 얘기를 하면 늦깎이 공부였기 때문에 모든 게 긴장이 됐다. 경제학 자체를 우리말로 공부해도 부담스러운데 영어로 소통하며 학습해야 하는 게 잘 될지 걱정이 앞섰다. 첫 학기는 거시경제학, 미시경제학, 통계학, 계량경제학 등 과목을 수강했다. 경제학은 이렇듯 과목 구분은 있지만 사용되는 '핵심언어'가 수학과 통계학이었다. 교수들이 대부분 수식을 통해 강의를 진행해가니 영어가 낯설어도 수식만 잘 따라가면 이해하기 어렵지 않았다. 궁즉통(窮則通), 궁하면 다 통하게 돼 있다. 시간이 가면서 영어도 들리고 수학과 통계학도 그리 어렵지 않았다. 게다가 20여 명의 대학원생 중 9명이 한국 학생들이었다. 교민도 있었고 나처럼 직장 생활을 하다가 유학을 온 사람들이 대부분이었다. 물론 나이는 최고령이었다. 나중에 그중 한 명이 나를 보는 순간 "확실히 한 명은 제칠 수 있을 것으로 봤다."고 농담을 해 모두가 웃었다. 이들 한국 학생들과 서로 도움을 주고받을 수 있어 좋았다. 특히 한국인 선배들이 시험 때마다 건네주는 한국 특유의 '시험 족보'는 큰 도움이 됐다. 외국 학생들도 우리에게 그 족보를 구해 공부할 정도였다. 그런데 공부라는 게 이상해서 늦은 나이에 공부에 도전했는데도 큰 어려움이 없었다. 특히 난이도가 높은 수학과 통계학, 계량경제학 문제들을 끙끙 대면서도 결국은 풀어냈다. 오히려 나보다 어린 한국 학생들이 한 수 가르쳐 달라고 물어오는 경우가 많았다. 수식으로 공부하는 게 즐거웠다. 같은 학년에는 미국은 물론 중국, 대만, 포르투갈, 이탈리아, 스페인 등에서 온 외국 학생들도 있었다. 하나같이 똑똑한 친구들이어서 이들과 같이 경쟁하며 공부한 경험도 뜻 깊었다. 동급생 중 한국 학생들은 성적이 상위권이었다. 수업 내용에 대한 이해도도 높고, 특히 암기 능력은 막강했다. 이런 조크가 있다. 미국 교수들이 한국 학생들을 보면 세 번 놀란다고 한다. 한 번은 토플 같은 영어 능력 시험점수가 높은 점, 둘째는 시험점수는 좋은데 만나보면 영어를 잘하지 못하는 점, 셋째 영어도 잘못하고 수업시간에 주로 침묵을 지키는데 시험만 보면 잘 본다는 점이다. 조크이지만 현실을 잘 반영한 말이다. 공부하면서 보니 미국 학생들은 처음에는 한국 학생들에게 뒤처지지만 일정 수준에 올라오면 창의력 면에서 한국 학생들이 따라가기 어려울 정도로 치고 올라가기 시작한다. 어렸을 때부터 받아온 교육의 차이에서 비롯된 것으로 생각했다.

UW에서 유학 생활을 하면서 가장 기억에 남고 의미 있었던 일은 미국 학부생들에게 1년 동안 경제학 개론을 가르친 것이다.

나에게만 기회가 주어진 것은 아니고 영어 말하기 연습 과목을 통과하면 대학원생 누구에게나 2학년부터는 기회가 주어진다. 학비도 면제되고, 월급과 의료보험도 제공되니 학생들에게는 큰 도움이 된다. 이른바 Teaching Assistant(조교)라는 제도이다. 주로 담당 교수의 강의 내용을 좀 더 상세하게 부연해주고, 문제 풀이도 하고, 면담이나 이메일을 통해 질문에 답해주는 일을 한다. 그러나 현지 학생들과 그들의 언어로 소통해야 한다는 게 큰 부담이었다.

지금도 잊히지 않는 첫 수업. 경제학을 강의하기도 쉽지 않은 일인데 그것도 외국인들 앞에서 영어로 강의해야 한다니 바짝 긴장됐다. 수업 내용에 신경 써야지 영어 발음에 신경 써야지 어떻게 한 시간이 지나가는지 모를 정도였다. 그런데 사단이 생겼다. 나중에 학교에서 연락이 왔는데 학생 중 한 명이 영어를 잘 못하는 외국인에게 강의를 들어야 하는 데 대해 학교 측에 항의했다. 상품인 Goods(굿즈)와 거위인 Goose(구~스) 발음이 잘 구분이 안되던 때였으니 학생들은 혼란스러웠을 거로 생각한다. 위기의 순간이었다. 학교 측에서도 지속해서 나와 면담을 하며 학생들과 소통하는 방법을 가르쳐 주었다. 두 번째 시간에는 아예 학교 인사가 수업에 들어와 참관했다. 나는 수업 방식을 좀 바꾸었다. 말은 느리게 발음은 또박또박, 그리고 웬만한 단어는 화이트보드에 다 적었다. 이러면서 학생들하고 소통이 좀 되기 시작했다. 위기를 모면하는 순간이었다.

몇 주 지나면서 노력하는 내 모습을 보고 학생들도 마음을 열어주었다. 그리고 아무리 외국인이라도 선생님은 선생님이었다.

미국은 10주 한 학기가 진행되는 동안 중간고사와 기말고사 외에도 매주 '퀴즈'라는 간단한 시험을 본다. 조교가 얼마나 성실하게 도와주느냐가 중요하다. 나는 학생들이 사무실로 찾아오든 이메일로 질문을 해오든 최대한 성실하게 답을 해줬다. 밤이나 주말을 가리지 않았다. 그들이 나에게 물어오고 내가 영어로 그들과 소통하는 게 즐거웠다. 조교가 갖는 또 하나의 권한은 답안지 채점과 성적 산출이다. 물론 답과 오답 둘 중 하나를 채점하는 일이지만 설사 오답이어도 문제를 풀려고 노력한 흔적에 따라 어느 정도 기본 점수를 줄 수 있는 재량권이 있었다. 그리고 거의 알아볼 수 없을 정도로 글씨를 흘려 쓴 경우에는 과감하게 점수를 깎아도 됐다. 첫 시험 채점을 해서 나눠준 다음에는 교실의 질서가 스승과 제자 관계로 바뀌었다.

수업시간 중 제일 어려웠던 점 중 하나는 학생들의 질문에 반응하는 일이었다. 간단한 질문은 알아듣고 답하는 게 그다지 어렵지 않았다. 하지만 잘 모르는 예를 들거나 '사회주의의 수요 공급 곡선은 어떻냐'는 엉뚱한 질문을 해오면 좀 당혹스러웠다. 나중에는 수업에 익숙해지면서 알아듣기 어려운 질문이 나오면 "다시 한 번 천천히 얘기해줄래요?"하기도 하고, 당장 답하기 어려운 질문에는 "추후 답변 하겠습니다."로 넘어가는 여유가 생겼다. 외국인 제자들을 가르치면서 보람 있었던 것은 그들이 나를 통해 탄탄한 경제학 지식을 갖춰가는 것을 보게 될 때였다. 또 강의를 마치면 학생들의 강의 평가 결과를 보게 되는데 처음에는 경계했던 학생들이 "덕분에 많이 배웠다." "강의를 들으면서 경제학을 좋아하게 됐다."는 긍정적인 피드백을 주었다. 평균 평점도 상위권에 들어가 기분이 좋았다. 말이 좀 달려도 마음을 열고 성심성의껏 가르치면 언어와 인종의 차이는 문제가 되지 않다는 것을 깨달았다. 타인을 가르친다는 것은 즐거운 경험이었다.

바쁘게 유학 생활을 하다 보니 첫해가 훌쩍 지났다. 당초 정해진 해외 연수 기간이 1년이었기 때문에 나는 2년간의 코스 과정을 마치기 위해 회사에 휴직을 신청했다. 남은 1년은 학비가 면제되고 많은 돈은 아니지만 조교 월급도 받게 되니 그럭저럭 버틸 수 있을 것으로 판단했다. 2년간의 코스를 다 마친 다음 일단 논문 자격시험에 응시해 합격해놓았다. 논문 작성을 포기할 경우에 대비해 석사학위 취득을 위한 소논문 제출도 마쳤다. 주제는 '외환위기 당시 IMF의 고금리 정책이 한국경제에 미친 영향'이었다. 관련 통계자료를 모아 고금리 정책이 한국 기업의 부실을 가속하는 등 부작용이 더 컸음을 실증적으로 입증하는 내용이었다. 이때부터 치열한 고민이 시작됐다. 계획대로라면 공부를 마치고 회사로 복귀해야 했다. 회사에서도 경제부장 발령을 준비 중이라는 소식을 들었다. 핵심 보직이었다. 그러나 2년간의 유학 생활을 거치며 나는 뒤늦게 향학열에 발동이 걸렸다. 박사 학위 취득을 위해 경제학 공부를 계속하든 다른 공부를 더 하든 공부를 더 하고 싶었다. 나이가 40살이 됐기 때문에 마지막 기회라는 생각이 들었다. 장고 끝에 결심했다. 직장 생활이야 나중에 또 할 수 있겠지만 해외에서의 학업 기회는 다시는 오지 않을 기회라고 판단했다. 미국에 남아 공부를 계속하기로 했다. 회사에는 미안했다. 나중에 내가 YTN 사장이 됐을 때 일부 직원들은 이때 내가 회사를 떠난 것에 대해 비판했다. 그러나 40대 중년이 경제부장이라는 핵심 보직을 포기하고 어떻게 펼쳐질지 모를 미래를 위해 자비 유학을 결정한 모험이었다는 점이 양해됐으면 했다. 이때부터 나의 고민은 경제학 박사과정을 계속하느냐 아니면 다른 전공으로 갈아타느냐였다. 선택의 폭을 넓혀놓기 위해 노스웨스턴과 UC Berkeley, 두 군데의 최상위권 MBA 스쿨에 지원을 해놓았다. MBA는 응시 과정에서 해당 학교의 졸업생이나 재학생과 인터뷰를 하는데 노스웨스턴 졸업생과는 시애틀에서, 버클리는 학교로 직접 가서 재학생과 인터뷰를 했다. 결과는 노스웨스턴은 낙방, 버클리는 합격이었다. 나에게는 두 장의 카드가 쥐어지게 됐다. 하나는 UW에서 박사과정을 계속하는 것, 다른 하나는 MBA 코스로 옮겨가는 것이었다. 많은 고민 끝에 버클리로 옮기기로 했다. 판단의 근거는 예측 가능성이었다. 박사과정은 40살에 논문을 시작하면 얼마나 시간이 더 걸릴지 알 수 없는 일이었다. 직장을 그만둔 마당에 재취업이 중요했기 때문에 정확히 2년간의 학위 과정 후 재취업에 도전할 수 있는 MBA가 더 현실적일 것이라는 판단을 했다. 게다가 버클리 MBA스쿨인 Haas(하스)는 젊었을 때조차도 입학 허가를 받기 힘든 '탑10' 스쿨이어서 이 학교를 선택했다.

40세에 도전한 MBA 학위 도전

2001년 여름, 나는 미국에서의 '두 번째 유학'에 도전했다. 전공은 경제학에서 MBA로 바뀌었다. 이미 2년간 유학 생활을 하면서 경제학을 공부하고, 미국 학생들을 가르친 경험도 있는 터여서 큰 압박감을 느끼지는 않았다. 여름 방학 기간을 이용해 버클리로 이동했다. 차로 내려가는 길이어서 하루 반 정도가 꼬박 걸렸다. 버클리는 시애틀과는 분위기가 달랐다. 시애틀은 대도시이긴 하지만 그래도 교통이 복잡한 도시는 아니다. 고속도로를 주행하다가 차선 이동을 위해 방향등을 점멸하면 뒤의 차량이 끼어들어 올 수 있도록 공간을 만들어 준다. 버클리가 있는 캘리포니아는 다르다. 차량 소통이 많아서 그런지 충분히 간격을 두고 끼어들지 않으면 뒤차가 클랙슨을 누르는 등 민감하게 반응한다. 시애틀과 서울의 중간 정도라고 보면 된다. 여름 날씨는 구름 한 점 없는 파란 하늘이 펼쳐지는 시애틀이 더 나았다. 다들 캘리포니아 날씨가 좋다고 하는 데 시애틀의 여름을 경험한 나에게 캘리포니아 날씨는 그리 감동을 주지는 못했다. 대신 캘리포니아는 일 년 내내 좋은 날씨가 이어진다는 점이 장점이다. 문제는 캘리포니아는 집값이 무척 비싸다는 점. 시애틀에선 한 달에 900달러의 월세 정도면 살 수 있었던 집이 캘리포니아에선 거의 배나 비쌌다. 다행히 학교에서 제공하는 숙소를 써 비용을 줄일 수 있었다. 주로 백인들이 사는 시애틀과 달리 역시 캘리포니아는 다인종 사회였다. 특히 한국, 일본, 중국 등 동양인이 많았다. 정치적으로도 상당히 진보적인 지역이다. 뉴욕 무역센터 빌딩에 대해 '9 · 11테러'가 발생한 이후 부시 행정부가 보복 전쟁을 선언했을 때조차도 버클리 시의회는 '전쟁 반대'를 외쳤다. 길거리를 다니다 보면 집 앞이나 차량 뒷 유리창에 '전쟁 반대'를 써놓은 것을 자주 볼 수 있었다. 국가적 위기 상황에서도 정부의 입장에 반대하는 의견을 대놓고 내놓을 수 있는 것 자체가 미국 사회가 그만큼 개방적이고 다원적이라는 것을 보여준 사례라고 생각한다.

UW이 3학기 쿼터제로 운영되는 데 비해 UC버클리는 한국의 대학처럼 2학기제였다. 첫 학기인 가을학기가 2001년 9월에 시작됐다. 1학년 학생 수가 230여 명 정도 됐다. 하버드 비즈니스 스쿨이 800명 정도인 걸 감안하면 상당히 작은 규모였다. 그래도 북미, 중남미, 유럽, 동아시아, 인도, 중동 등 다양한 나라에서 전문적 직업 경험이 있는 다양한 학생들이 모인 곳이어서 서로 긍정적인 영향을 주고받을 수 있는 좋은 학교였다. 경영대학원인 하스의 장점은 랭킹이 높은 학교인데도 주립이어서 학비가 비싸지 않다는 점이었다. 학기당 4, 5만 달러 수준인 사립 경영대학원의 절반 정도 선인 2만 달러 중반 수준이었다. 그런데도 '버클리'라는 브랜드답게 교수진은 막강했다. 빌 클린턴 대통령 시절 경제자문위원회 위원장을 역임했던 로라 타이슨이 학장이었고, 거시경제학을 가르친 재닛 옐런은 이후 미국 중앙은행인 FRB 의장에 오른다. 재닛 옐런은 실력파이면서도 친절한 교수였다. 궁금한 점을 물어보기 위해 사무실로 찾아가 보면 배려심을 가지고 겸손하게 학생들을 대해줬다. 머니투데이방송 재직 시절 FRB 의장직을 수행하고 있던 그녀에게 이메일로 서면 인터뷰를 요청한 적이 있다. 워낙 막중한 업무를 수행하는 자리여서 무시해도 그만이라는 생각으로 보낸 이메일이었는데 의외로 답장이 왔다. "공식 기자회견 외에 개별 인터뷰를 하지 않는 게 원칙이어서 미안하다. 잘 지내길 바란다."는 내용이었다. 평소 그녀의 겸손한 태도가 그대로 반영된 일이었다. 옐런의 남편은 노벨경제학상을 받은 조지 애컬로프다. 2001년 10월 수업을 듣던 도중 애컬로프의 수상 소식을 듣고 모두 박수를 치며 기뻐했던 기억이 떠오른다.

230여 명인 1학년 MBA 학생 중 나는 가장 나이가 많은 편에 속했다. 미국은 서로 나이를 따지지 않는 분위기이다. 하지만 한국 학생들과 마주치면 항상 머리를 숙여 인사를 받는 쪽은 당연히 나였다. 이런 모습을 보는 게 재미있었던지 하루는 친한 미국 학생이 나를 보더니 꾸벅 인사를 해서 한참을 웃기도 했다. 이 친구는 나에게 다가와 "코리아 마피아 보스냐?"고 농담을 건네기도 했다. MBA 스쿨에선 모두가 영어 이름을 갖도록 한다. 전 세계에서 온 학생들인 만큼 호칭을 편하게 하기 위한 고려인 듯했다. 내 영어 이름은 '앤드류(Andrew)'였다. 2년 내내 그렇게 불렸다. 2년 차 때 재무 과목을 수강 중 교수가 학생들에게 질문하는 시간이 왔다. 교수가 출석부를 보고 갑자기 '냄수 초이'라고 부르는 것이다. 1년 이상 '남수'라고 불린 적이 없는 데다 발음도 정확하지 않아 나조차 누구지 하고 고개를 돌린 적이 있다. 잠시 후 나를 부른 것임을 알아채고 질문에 대한 답을 한 적이 있다. 버클리에서 공부하는 동안 내 정체성은 '앤드류'였다.

경영대학원은 경영진을 양성하는 게 목표인 곳이다. 그래서 기업 경영을 하는 데 필요한 지식과 분석 능력, 그리고 소양을 키워주는 데 초점을 맞추고 있다. 기업 외부 환경을 잘 판단할 수 있게 하도록 거시경제학과 미시경제학을 가르친다. 기업 경영에 필수적인 재무, 조직관리, 회계, 마케팅, 금융, 기업윤리 등의 많은 과목도 개설돼있다. 버클리가 실리콘 밸리와 가까운 만큼 기업가 정신 강의가 강한 편이며 수시로 실리콘 밸리의 기업인들 강연을 들을 수 있는 이점이 있었다. MBA 코스가 갖는 가장 큰 강점은 현장감이다. 아침에 FED가 금리를 올렸으면 다음 수업시간에 바로 그 영향을 논의했다. 미국의 최대 스포츠 행사인 슈퍼볼이 끝나고 난 직후의 마케팅 시간에선 슈퍼볼 방송 중간에 송출된 광고들의 장단점을 비교 분석했다. 기업들의 경영 사례를 분석하는 수업은 아예 한 과목으로 잡혀있다. 한 학기 내내 많은 기업의 성공과 실패 사례를 다루고 교훈을 분석해 정말 많은 것을 배울 수 있었다.

이 수업의 과제 중 하나는 실제 기업을 탐방해 전략 등을 분석한 현장 보고서를 제출하는 것이었다. 내가 소속된 팀은 버클리 근처에 있는 애니메이션 전문 업체 픽사를 연구 대상으로 삼아 회사도 방문하고 많은 자료도 수집하면서 '픽사 보고서'를 제출했다. 픽사는 직원들에게 사무 공간을 배정하면서 자유롭게 실내장식을 하도록 해 일하는 공간 자체에 자유분방함이 흘렀던 게 매우 인상적이었다.

미시경제학 시간에는 흥미로운 팀 프로젝트가 있었는데 4인 1조가 팀이 되어 벌이는 가상의 기업 게임이었다. 특정 시장에 대한 기초 통계가 주어진 다음 각 팀이 제품의 판매가격과 생산물량을 정해 시장 점유율, 당기 순이익 등의 경쟁을 벌이는 프로젝트였다. 학기 내내 진행되기 때문에 한 팀이 하나의 기업처럼 움직이며 시장 상황, 상대사의 전략에 대한 시나리오 분석, 가장 적절한 당사의 전략과 실행 방안 등을 짠 다음 가격과 물량을 정하는 실전 게임이었다. 모든 팀이 자체 결정을 입력하면 컴퓨터가 팀별로 실적을 산출해서 알려줬고, 그 결과를 받아든 각 팀은 또다시 수정 전략을 수립하고 의사결정을 하는 식으로 진행됐다.

지금까지 얘기한 것처럼 MBA 스쿨은 4인 1조로 팀을 짜 수업이 진행되는 경우가 종종 있다. 다양한 배경을 가진 학생들이 서로 섞이면서 네트워킹도 하고 팀워크를 키우도록 하는 것이다. 팀에 들어가면 영어를 잘하든 못하든 토론에 참여해야 하고 문서작업도 같이해야 한다. 나는 시애틀에서 이미 외국인들과 어울린 경험이 있어 팀 작업은 할 만 했다. 그래도 빠르게 진행되는 토론은 때론 힘겹기도 했다. 팀 프로젝트의 원활한 진행을 위해 내가 가진 장점으로 팀에 기여하기 위해 노력했다. 이미 공부한 경제학과 강점이 있는 회계학과 엑셀을 활용한 통계 분석 능력을 최대한 발휘해 이 분야에 대한 분석과 과제 수행은 내가 도맡아 했다. 수치 분석이 약한 서양 친구들은 이를 매우 반겼다. 대신 문서작업은 서양 학생들이 처리했다. 마지막 단계에서 교정은 내가 맡았다. 몇 가지 오타나 문법적 오류를 잡아내곤 하면 팀의 다른 동료들이 놀라곤 했다. 그럴 때 내가 한 말 "나는 한국에서 영어 문법만 7, 8년을 공부해서 그래." 실제로 유학 시절 한국 특유의 영어 교육 관행이 이런 점에서 도움이 됐지만 회화 능력을 키워주지 못한 점은 매우 아쉬웠다.

팀 프로젝트의 토론은 그래도 할 만했지만 파티 같이 떠들썩한 장소에선 능숙한 대화가 힘들었다. 토론 위주의 수업에선 한국 학생들이 적지 않은 애를 먹었다. 토론 훈련이 잘 안 돼 있는 데다 빠른 속도의 영어 토론을 따라가며 의문점을 찾아내 질문을 한다는 게 상당한 도전이었기 때문이다. 한국 학생들의 잘못된 점은 '청사에 길이 남을' 인상적인 질문을 하려는 데도 있다. '괜히 이런 질문 하다가 망신당하지 않을까?' 걱정돼서 지레 알아서 침묵해버린다. 하지만 나중에 영어가 좀 들리면서 보니 외국 학생들은 그렇게 신통한 질문이 아니더라도 의문점이 생기면 적극적으로 질문을 했다. 느낀 점은? 그냥 용감하게 생각나는 대로 질문도 하고 토론에도 참여해야 한다는 것이다. 그래야 실전 영어 실력이 쌓인다. 시험 기간이 되면 팀원들이 모여서 같이 공부를 했다. 또는 초대를 받기도 했다. 내가 경제학을 전공하고 통계나 회계 분석에 강한 것을 아는 외국인들은 같이 공부하자고 부르곤 했다. 그런데 이 학생들이 시험 준비하는 방식은 정말 특이했다. 교과서나 노트를 넘기면서 토론을 두세 시간 하며 의견을 주고받더니 '시험 준비 끝'을 선언하는 게 아닌가. 외우지 않고 이해하면서 머리에 넣는 그들 특유의 방식이었다. 낭패였다. 나는 이 모임이 끝난 뒤 집에 돌아와 요점 정리를 하면서 암기할 건 하는 식으로 다시 시간을 들여야만 했다.

경영대학원은 취업이 목적인 대학원이어서 다양한 지원 서비스가 제공된다. 이력서와 자기소개서 교정도 해주고 면접 연습도 시켜줬다. 또 많은 기업이 교정에 와서 취업 설명회를 하곤 한다. MBA 학생들은 첫해를 마친 후 여름 방학 때 좋은 인턴을 하기 위해 노력한다. 어디에서 인턴을 하느냐가 자신의 자질을 입증하는 좋은 '신호'가 되기 때문이다. 그래서 투자은행이나 컨설팅 기업이 선호도가 높은 편이다. 그런데 첫 학기 중인 2001년 9월 11일 뉴욕 무역센터 빌딩 테러 사건 이후 미국 경기가 급속하게 냉각돼 일자리 시장이 얼어붙었다. 나도 인턴을 구하는 데 애를 먹었다. 경기 탓이 컸지만 41살의 중년이 인턴을 찾는 것 자체가 이상해 보였기 때문이다. 하지만 투자은행인 모건스탠리 서울지점 리서치 센터가 나를 선발해 서울에서 10주간의 인턴 생활을 했다. 서울에 들어왔더니 리서치 센터장이 "41살에 인턴을 지원하는 게 신기해 어떤 사람인지 만나보고 싶었다."고 했다. 세계적인 투자은행 리서치 센터를 10주 동안 체험한 것은 정말 소중한 경험이었다. 새벽에 일찍 나와 자정이 넘어서까지, 그리고 주말도 반납하며 시장과 기업을 분석하는 데 헌신하는 애널리스트들. 그들은 일에 온 삶을 투입하는 전문가들이었다. 역시 글로벌 기업답게 아침 컨퍼런스 콜에는 해외의 책임자들도 참여했고, 사내 전산망에는 모건스탠리 소속 전 세계 애널리스트들의 분석 보고서가 속속 올라왔다. 이들과 생활을 같이하며 몇 주가 지나니 역시 중년의 체력으론 역부족이었다. 왜 애널리스트들 대부분이 2, 30대인지 이해가 됐다. 한 가지 아쉬웠던 점은 이들이 먹는 술의 양이 장난이 아니었다는 점이다. 업무 강도가 높아 스트레스가 많은 탓이었겠지만 일도 많고 술도 많이 하는 이들의 생활이 딱하게 보이기도 했다. 많은 소득을 올리겠지만 그들의 생활은 질이 좋은 편은 아니었다. 한 가지 좋았던 기억은 모건스탠리 직원들과 같이 2002년 월드컵 16강전인 한국과 이탈리아전을 현장에서 관람한 것이었다. 2대 1로 극적인 역전승을 거두는 경기를 보게 돼 두고두고 추억이 됐다.

시간은 흘러 마침내 졸업을 앞둔 마지막 학기인 2003년 봄 학기. 9.11 테러 이후의 급속한 경기 냉각으로 나뿐만 아니라 대부분의 MBA 학생들이 일자리를 구하는 데 애를 먹었다. 심지어 미국 학생들조차 졸업식을 할 때까지 직장을 구하지 못한 경우가 적지 않았다. 나는 일단 컨설팅 회사와 투자은행들에 지원을 해봤지만 '대답 없는 메아리'였다. 그러다가 세계적인 자산 운용회사인 피델리티에 지원했는데 면접을 하자는 연락이 왔다. 버클리에서 1차 면접을 했는데 합격. 2, 3차 면접은 보스턴에서 진행되니 본사로 오라는 연락이 왔다. 설레는 마음으로 보스턴으로 갔다. 면접 당일 오전은 2차 면접이 진행됐다. 홍콩에서 온 중국인 간부와 면접을 했다. 결과는 합격. 희망이 보이는 듯했다. 점심 식사 후 3차 면접. 점점 압박 강도가 올라갔다. 한 기업의 재무제표와 분석자료, 최근 미디어 보도 등 자료를 주더니 2시간 안에 분석해 프레젠테이션하라는 것이었다. 시간에 쫓기며 PT 자료를 만들어 발표하고 질의응답을 했다. 결과는 낙방. 고생했는데 고배를 마시게 되니 울적했다. 설상가상으로 버클리로 돌아오는 항공편을 놓쳐 뉴욕에서 하룻밤을 자고 돌아와야 했다. 하긴 3차에서 합격을 했어도 홍콩에서의 강도 높은 4차 압박 면접이 기다리고 있었으니 3차에서 하차한 게 나았는지도 모르겠다. 나중에 확인해보니 홍콩 지점에서는 그해 한 명도 신입사원을 선발하지 않았다고 했다. 마땅한 후보자가 없었던 모양이다. 상황이 이렇게 돌아가니 미국 친구들이 자신들도 직장을 구하지 못하는 데도 내 일자리를 알아봐 주는 고마운 일도 생겼다. '앤드류 일병 구하기(?) 작전'이라고 나중에 조크하기도 한 일이었다. 하지만 불황 속의 글로벌 경제는 쉬 기회의 문을 열어주지 않았다. 걱정이 커질 즈음에 다른 기회가 찾아왔다. 삼성 금융그룹에서 MBA 채용을 위해 샌프란시스코로 들어왔다. 나는 삼성생명 쪽에 지원했는데 나중에 삼성화재 부장으로 채용이 됐다. 오랜 언론 경험과 미국에서의 경제학 석사 및 MBA 학위 취득을 긍정적으로 봐준 것 같았다.

버클리 비즈니스 스쿨에서 공부를 할 때도 나는 UW에서와 마찬가지로 1년 동안 Teaching Assistant로서 학부 학생들을 가르쳤다. 학비를 벌기 위한 목적이었다. UW에서는 경제학 개론을 가르쳤는데 버클리에서는 거시경제학을 맡았다. 버클리에서 강의는 순탄하게 진행됐다. 이미 UW에서 1년간 강의 경험이 있는 데다 경제학 석사 과정을 마쳤고 영어 사용도 익숙해져 있었기 때문이다. 버클리는 동양인이 많아 심리적으로 한결 편했다. UW과 버클리를 통틀어 보면 200명 정도의 외국인 제자를 가르친 셈이다. 영어로 외국 학부생들에게 경제학을 가르친 경험은 나에게 큰 도움이 됐다. 일단 영어로 소통하는 게 편해졌다. 또 가르치기 위해 수업 준비를 하면서 경제학 공부를 많이 하게 됐다. 가르치는 게 배우는 것이라는 말의 의미를 체득하게 된 것이다. 언어가 달라도 역시 모두 같은 사람들이었다. 정성을 다해 성심성의껏 수업 준비를 해가고 소통을 하면 언어와 피부색 차이는 문제가 되지 않았다. 버클리에서도 학생들의 강의 평가는 상위권 점수를 받았다.

2003년 여름에 나는 4년간의 유학 생활을 마치고 귀국길에 올랐다. 38살의 나이에 뒤늦게 유학길에 올라 42살에 들어오는 것이어서 만감이 교차했다. 중간에 직장을 그만두면서 핵심 보직을 포기한 채 자비 유학을 하는 모험을 한 기간이어서 더욱 그랬다. 그래도 꼭 한번 해보고 싶은 해외 유학을 명문 대학에서 했고, 경제학 석사 및 MBA 학위 취득, 2년간의 대학강의, 글로벌 투자은행인 모건스탠리에서의 인턴 경험, 피델리티 취업에의 도전 등 다양한 경험이 40대 초반인 나에겐 소중한 결과물이었다. 이런 열매들이 두고두고 도움이 됐다. 내 경험에서 얻은 교훈은 도전 자체가 중요하다는 것이다. 용기와 열정을 가지고 도전하면 나머지 일은 다 수습이 된다. 실패에 대한 걱정으로 도전을 주저하기보다 일단 저지르고 하나하나 문제를 해결해가면서 알맹이를 만들어 내는 과정이 훨씬 의미가 있고, 다른 데서 얻을 수 없는 성취감을 준다.

3

미디어 경영, 성취와 좌절 사이

YTN의 경영혁신에 뛰어들었다.

이익을 보지 않고 의미를 추구했다.

그러나 정치적 상황 변화에 따른 '편향성'과 타협할 수 없었다.

나는 다시 안주보다 도전을 선택했다.

그래서 허허벌판이었던 MTN의 개국에

온몸을 던졌다.

다시 YTN에 복귀하기까지

나는 어느덧 기자의 길에서 벗어나

미디어 경영자의 길을 걷고있었다.

삼성 견문록

2003년 8월 1일, 나는 삼성화재에 부장으로 입사했다. 삼성화재는 손해보험업계 부동의 1위 기업으로 전략, 상품, 마케팅, 재무 등 다양한 면에서 강한 경쟁력을 가지고 있었다. 그만큼 우수한 인재들이 일하고 있는 곳이었다. 나는 처음에는 기획팀 내 기획파트에 배치가 됐다가 나중에 '전략지원파트'가 신설되면서 파트장을 맡게 됐다. '전략지원파트'는 회사의 전략상 중요한 제도의 개선 포인트를 분석하는 일과 투자자를 대상으로 한 IR이 주 업무였다. 제도를 개선하는 일은 손해보험협회 회원사인 다른 손보사들과 함께 의견을 모아 협회 차원에서 추진됐다. 입사 한 후 얼마 되지 않은 때에 좋은 경험을 할 기회가 왔다. 미국과 캐나다의 건강보험 제도를 벤치마킹하기 위해 동료, 후배들과 함께 해외 출장을 가게 됐다. 공교롭게 출장지역이 내가 공부했던 버클리와 시애틀을 거쳐 토론토로 가는 일정이었다. 졸업한 지 얼마 안 돼 UC버클리와 UW를 방문할 수 있게 돼 감회가 새로웠다. 무엇보다 보험을 잘 모르는 상태에서 입사했는데 핫이슈였던 건강보험의 선진 사례를 배우기 위해 전문가들과 함께 하는 출장이어서 많은 것을 배울 수 있었다. 공영보험과 민영보험의 현황은 어떤지, 공영과 민영의 관계 설정은 어떤지, 우리가 배울 점은 무엇인지가 벤치마킹의 포인트였다. 출장을 마치고 귀국한 다음에는 전 임원과 간부들 앞에서 출장에 참여한 간부들이 벤치마킹 결과를 보고하는 자리를 가졌다. 나는 해외 제도를 맡아 프레젠테이션을 했다.

삼성화재에서 근무하는 기간에 두 가지를 배울 수 있었다. 하나는 금융산업의 중요한 축 중의 하나인 보험산업 전반 및 핵심이슈에 대해 숙지할 수 있었다는 점이다. 보험에는 생명보험과 손해보험, 두 가지가 있다. 생명보험은 규모는 크지만, 상품은 생명보험 한 가지여서 단조로운 편이다. 손해보험은 생보에 비해 규모는 작지만 자동차보험, 사람을 대상으로 한 장기보험, 기업보험 등 종류가 다양해 내부 조직과 문화도 다원화돼있는 편이다. 내가 맡은 업무는 회사 전체의 전략 지원이었기 때문에 각 분야에 대한 세부 지식은 부족해도 산업과 회사 전체의 핵심이슈를 개괄할 수 있었다. 온라인 보험과 설계사 채널의 긴장 관계, 은행에서 보험을 파는 방카슈랑스, 희미해지는 생명보험과 손해보험의 경계 등 흥미로운 이슈들을 파악하면서 보험산업에 대한 이해도를 높일 수 있었다.

다음으로 삼성화재의 체계적인 업무 진행 방식을 배울 수 있었다. 계획 수립부터 치밀하게 준비를 하고, 분석은 깊이 있게, 그리고 문서작업은 철저하게 한 다음 신중한 의사결정을 하는 게 내가 본 삼성화재의 강점이었다. 예컨대 당시는 온라인 보험 판매의 초기 단계여서 삼성이 언제, 어떻게 이 시장에 본격적으로 뛰어들지가 이슈가 되고 있었다. 설계사 채널이 최대의 강점인 삼성화재는 소비자에게 직접 보험을 판매하는 온라인 보험이 자사의 강점을 잠식하고 설계사들의 반발을 불러올 수 있어 고민이 많았다. 수많은 문서작업과 논의를 하면서 신중 또 신중을 기해 이 이슈에 접근해갔다. 물론 삼성화재는 이후 온라인 보험 시장에 진출했고, 이 시장에서도 1위를 유지하고 있다.

삼성에서 일하면서 가장 인상적이었던 것은 철두철미한 문서작업이었다. 기초 자료를 충분히 수집해 깊이 있는 분석을 한 다음 이를 글로 표현하는 문서작업은 그 수준이 대단히 높았다. 깔끔한 레이아웃은 기본이고, 군더더기 없는 간결한 논리 전개와 표현, 통계 등 적절한 근거자료의 제시, 한 가지 주제로 다음 장으로 넘어가지 않는 형식적 배열. 기자로서 오랫동안 글을 써온 나로서도 좋은 문서를 만들기 위해서는 적지 않은 시간 투입과 에너지가 들어가야 했다. 한 고위 임원의 경우 그룹에 보고되는 문서는 손때가 묻으면 안 된다고 지우개 끝으로 문서를 넘기곤 했다. 극도의 철저함을 추구하는 것이다. 이런 정신은 내부 관리에도 그대로 스며들었다. '관리의 삼성'으로 불리는 이유이다. 한 번은 이런 일이 있었다. 경비 절감을 위해 복사지를 아끼자는 캠페인이 시작됐다. 복사가 필요하면 복사기에서 분량 제한 없이 복사하던 관행을 바꿔 한 달 동안 쓸 수 있는 복사용지를 일 인당 일정량을 배분해서 나눠준 다음 이를 매달 줄여나갔다. 이렇게 해나가면서 회사 전체의 복사용지 사용량이 절반 이상 줄였다. 그동안 불필요한 복사지 사용이 얼마나 많았는지를 알게 됐다. 꼭 필요한 복사만을 하게 되니 용지를 크게 아낄 수 있었다. '마른 수건 짜내는' 경영이 효과를 내는 것이다.

나는 삼성화재에서 정확히 2년을 일했다. 이 기간에 보험업계의 좋은 전문가들과 사귈 수 있었다. 특히 손해보험협회에서 업계 전반의 현안을 논의하기 위해 자주 만난 타사의 기획부장들과는 지금도 정기적으로 만나고 있다. 친분을 쌓은 삼성화재의 선배, 동료, 후배들도 가끔 얼굴을 보는 친한 사이가 됐다. 업무 면에서는 대부분의 기간 최고 고과인 A를 계속 받았다. 구성원들과 합심해서 일해서 얻은 업무 성과에 대한 긍정적인 평가 덕분이었다. 뒤돌아보니 업무, 관계 등 면에서 값진 것들을 경험하게 해준 일터였다. 다만 외부적으로는 업계 1위 기업으로서 좀 더 포용적인 리더십을 갖고, 내부적으로는 상사와 하급자의 관계 등 문화를 개선하면 더 좋을 것 같다는 생각을 했다.

나는 2005년 9월 말에 삼성화재를 떠나 다시 YTN으로 복귀했다. 당시 YTN에서 연락이 와 표완수 YTN 사장을 시내 한 호텔에서 만났다. 표 사장은 언론사에도 경영시스템이 도입돼야 하며 이 혁신 작업을 같이 해나가자고 제안을 했다. 이 일을 하고 싶은 마음이 들었다. 하지만 급여가 30% 가까이 줄어드는 게 마음에 걸렸다. 기도와 숙고 끝에 개국 작업에 참여했던 친정인 YTN에 다시 합류하기로 결단했다. 표완수 사장이 강조한 YTN의 경영혁신 필요성에 대해 공감하고 참여해보고 싶었기 때문이다. 더구나 표 사장은 언론민주화운동을 한 존경받는 언론계 대선배여서 표 사장을 모시고 의미 있는 일을 해보고 싶었다. YTN의 경영개혁이라는 화두가 나에게 상당히 매력적으로 다가왔고, 오랜 언론인 생활, 경제 및 경영대학원 수학, 삼성화재에서의 간부 경험 등을 잘 활용하면 내가 잘할 수 있는 일일 것 같다는 판단이 서서 이직을 결심했다. 특히 YTN은 내가 개국 멤버로 참여하고 외환위기 때 후배들과 함께 회사를 지킨 곳이지 않은가. 이익을 보지 않고 '의미'를 추구한 결정이었다.

나는 기자다

다시 YTN으로... 경영 개혁의 깃발을 들다

2005년 10월 1일, 내 일터는 YTN으로 바뀌었다. 처음엔 경영기획팀장 발령이 났다. 재입사하자마자 맡은 일은 이미 진행 중이던 자회사 YTN 미디어의 매각 작업을 마무리하는 것이었다. 스타 뉴스와 코미디 채널을 보유하고 있던 YTN 미디어를 엔터테인먼트 기업인 IHQ에 매각하기로 하고 막바지 협상이 이뤄지고 있었다. 나는 여기에 투입됐다. 매각의 큰 줄기는 잡혀 있었다. 내가 할 수 있는 역할은 매각가격을 최대한 올리는 일이었다. 나는 최악의 경우 YTN 미디어 매각을 보류할 수도 있다고 배수진을 치면서 협상의 우위를 확보하기 위해 노력했고 결국 적정한 선에서 매각가격이 상향조정됐다. 재입사하자마자 처음 맡은 일이 자회사 매각이라는 큰일이었으니 일복이 제법 있는 셈이었다.

나는 얼마 안 있어 경영기획실장으로 승진했다. 경영기획실은 기획, 인사, 재무, 미디어 전략, 기술 기획, IR 등 회사 경영 전반의 전략을 수립하고 각 실국을 지휘하는 사령탑 역할을 했다. 업무 파악을 한 다음 나는 표완수 사장에게 건의해 경영조직은 경영혁신(MI:Management Innovation), 보도국은 콘텐츠혁신(CI:Contents Innovation)을 강도 높게 추진하는 방안을 건의했다. 사장의 재가가 났다. 나는 경영기획실을 주축으로 경영혁신 과제를 선정하고 강하게 실무적인 드라이브를 걸어 나갔다. 경영혁신의 큰 축은 경영 인프라 구축, 경영개혁, 누수방지를 위한 관리 감독 강화, 기획 기능 확충 등이었다. 먼저 경영 인프라 구축. 복귀해보니 전체적으로 회사의 어떤 업무들이, 어떤 속도로, 어떤 결과를 내며 진행되고 있는지 현황을 알 수 있는 시스템이 구축돼 있지 않았다. 업무 체계화를 위해 제일 먼저 도입한 것이 각 실국의 주간 및 월간 업무보고였다. 전 주나 전 달의 업무 실적과 다음 주 또는 다음 달 업무계획을 문서로 보고하도록 한 것이다. 전사적 업무 관리를 위해 기업들은 오래 전에 도입된 제도이지만 YTN은 이때 처음으로 이 제도를 시행하기 시작했다. 나는 한발 더 나아가 반기별로 실국장 회의를 소집해 각 실국장이 경영진 앞에서 업무계획을 프레젠테이션하고 질의응답도 하도록 하는 제도를 도입했다. 실국장들은 연초에는 연간 업무계획을, 7월 초에는 하반기 업무계획을 발표했다. 이런 제도들이 잇따라 도입되니 '여기가 삼성이냐'는 볼멘소리가 나오기도 했다. 하지만 양식에 따른 업무보고는 기본 중의 기본이어서 개의치 않았다. 2017년 말에 사장으로 취임해서 살펴보니 업무보고 제도가 그대로 시행되고 있어 흐뭇했다.

다음은 가장 핵심적 조치였던 경영개혁. 정말 여러 가지 혁신 조처를 했다. 가장 강도 높게 개혁이 이뤄진 분야는 매출 관리 부문. 회사의 재무제표를 살펴본 결과 이상한 점이 눈에 띄었다. 돈을 받지 못한 외상 매출금이 법에서 정한 한도 이상으로 늘어나 세법상 비용으로 인정받지 못하는 금액이 커져만 갔다. 돈을 많이 떼였는데도 법이 정한 한도를 넘어서다 보니 그 초과분은 비용으로 인정받지 못해 울며 겨자 먹기로 세금을 내야만 했다. 회계 법인에 연락해 담당 회계사에게 원인 분석을 요청했다. 충격적인 결과가 나왔다. 회계 법인은 오래전부터 매출이 발생한 이후 실제 돈이 들어오는지를 점검하는 수금 관리의 필요성을 강조해왔다. 그러나 경영부서에서 이를 외면해온 것이다. 그러다 보니 YTN은 개국 이래 발생한 매출이 실제로 수금되는지를 관리하는 제도가 한 번도 정상 가동된 적이 없었다. 수금이 사각지대에 있었다. 앞으로 남고 뒤로 밑지는 경영을 해온 것이다. 이 문제를 좀 더 파고들어가 본 결과 위규 행위들을 적발할 수 있었다. 거래 업체로부터 수금해놓고도 '미수' 처리한 다음 본인이 부정 사용한 혐의가 있는 사례들도 나왔다. 해당 직원에 대해서는 징계 조처를 했다. 수금 관리를 부실하게 한 간부들에 대해서도 책임을 물었다.

제도 개선은 징계에만 그쳐서는 안 됐다. 외상 매출, 즉 매출채권 관리를 아예 체계화했다. 매출 발생 후 일정 기간까지 수금이 안 되면 '경보'를 발동하고 미수가 길어지면 강제 추심에 들어가는 절차를 사규로 만들었으며, 이를 어기면 징계 조치하도록 했다. 매출채권 관리 조치가 시행에 들어간 이후 회사의 현금이 늘어나는 등 개혁조치의 효과가 확연하게 나타나기 시작했다.

다음으로 도입한 것은 예산 제도 도입 및 결산 개선이었다. 각 실국 별로 한 해 예산을 그 전해 하반기에 편성하도록 한 다음 연말까지 경영기획실과 협의를 거쳐 확정하도록 했다. 매출 부서는 목표치를 설정하고 그 진도를 매달 점검받도록 했다. 비용 예산은 일단 한 해 예산이 확정되면 그 예산에 따라 자금 집행을 하도록 했고, 예산에 안 잡힌 별도 지출은 경영진의 승인을 의무화했다. 또 대규모 장비 구매는 실국장들로 구성된 구매심의위원회의 심의를 거치도록 했고, 반드시 경쟁입찰을 통해 투명하게 업체를 선정하도록 했다. 매달 이뤄지는 결산은 그 시기를 당기도록 해 회사의 경영 상황을 조기에 파악할 수 있는 체제를 갖췄다. 자금 운용의 경우에도 여유 자금은 금융기관에 금리 입찰을 붙여 조금이라도 더 높은 금리를 주는 쪽에서 운용했다. 회사 경영은 복잡한 것 같지만 따지고 보면 많이 벌고 비용을 절제하며 지출하는 게 핵심이다. 이를 위한 시스템을 구축하는 과정이었다. 이와 함께 직원들의 업무 성과를 객관적으로 평가하고 이를 인사에 반영하기 위해 인사평가 제도도 마련했다.

업무와 비용의 누수를 방지하기 위해 관리 감독도 강화했다. 법인카드 사용에 도덕적 해이가 있다는 지적이 있어 법인카드 사용자의 주소와 주말 사용지역을 비교해보았다. 아니나 다를까 주말에 집 부근에서 법인카드를 사용한 사례가 다수 적발됐다. 지난 일을 징계하기보다 앞으로의 도덕적 해이를 막는 게 중요하다는 판단에 따라 사내에 과거의 위규 사례는 불문에 부치 돼 향후 적발 시 징계 방침을 밝혔다. 실제로 이 발표 이후 부정 사용 의심 사례가 크게 줄어들었다. 당시 YTN은 홈페이지를 관리하는 디지털YTN 등 자회사가 있었는데 자회사도 예산 관리를 받고 매달 경영현황을 보고하도록 함으로써 관리를 강화했다.

전사적 기획 기능도 확충했다. 방송사에서는 처음으로 기술기획 기능도 경영기획실에 둠으로써 장비의 디지털 전환 같이 대규모 자금이 소요되는 프로젝트들이 투명하게 추진될 수 있는 여건을 정비했다. 아울러 미디어 환경 변화에 대응하기 위해 이를 지속해서 모니터링하면서 순발력 있게 대응할 수 있는 시스템을 구축하기 위해 노력했다.

지금까지 언급한 경영혁신조치들은 효과를 내기 시작했다. 매출과 이익이 늘어났고, 현금 사정도 크게 호전됐다. 매출액은 2005년의 760억 원에서 2007년에 969억 원으로 급증했고, 순익도 같은 기간 동안 12억 원에서 2007년에는 93억 원으로 크게 늘면서 안정적인 흑자기반이 구축됐다. 노사 협약에 따라 이익의 3분의 1을 다음 해 연초에 성과급으로 지급하는 일도 가능하게 됐다. 이외에도 경영기획실장을 하면서 기억에 남는 일은 표완수 사장이 적극적으로 추진하던 라디오 개국을 참모로서 도운 일과 정부가 발표한 사이언스TV 채널 입찰에 참여해 채널 운용권을 따낸 일이었다. YTN은 이로써 다매체 다채널을 보유한 미디어그룹으로 성장하는 길에 들어섰다. 표완수 사장은 서울시가 추진하던 상암동 디지털미디어 단지 사업에도 관심을 갖고, 상암동에 신사옥을 마련하는 준비작업에 들어갈 것을 지시했다. 이후 경영기획실에서 상암동 부지 확보를 위한 구체적인 실행에 들어갔고, 이게 현재 상암동 사옥을 마련하게 된 계기가 된다.

당시 YTN의 경영혁신 조치는 미디어로서 경영시스템을 갖추고 안정적 수익기반을 다지는 긍정적인 결과를 가져다주었다. 경영개혁이 성공한 데는 몇 가지 중요한 요인이 작용했다. 먼저 최고 경영자의 비전과 강한 의지이다. 표완수 사장은 혁신의 필요성을 느끼고 외부에 있던 나를 영입해 과감하게 실무 책임을 맡기고 힘을 실어주었다. 내부의 저항이 적지 않았지만 사장의 의지는 흔들림이 없었다. 실무진이 소신 있게 일할 수 있었던 이유이다. 두 번째로 빠르고 강한 실행력이다. 경영기획실은 기획, 인사, 재무, 마케팅 등 경영 전 분야의 혁신 플랜을 구체적으로 수립한 다음 빠르게 추진해나갔다. 1, 2년 사이에 모든 계획을 세우고 강하게 드라이브를 걸어 회사 경영에 착근시켰다. 얼마 되지 않아 그 효과가 가시화되니 경영혁신의 정당성이 확보되었다. 세 번째로 공감대의 확산이다. 혁신은 뜻이 아무리 좋아도 내부 공감대를 얻지 못하면 좌초되기 십상이다. YTN의 경영체질을 변화시키는 과정은 노사 공감 하에 진행됐다. 노조도 그 필요성에 동의하고 사 측의 조치들을 지지해주었다. 또 간부들과 내부 영향력이 있는 직원들도 YTN을 탈바꿈시키는 일을 지지 해주었다. 최고 경영자의 의지, 치밀하고 빠른 실행, 내부 공감대 확산 이게 삼박자를 이루면서 경영개혁 조치가 좋은 열매를 맺게 된 것이다.

경영기획실장으로서 다양한 일을 하고 나니 보도국으로 자리를 옮겨 다시 콘텐츠 제작을 해보고 싶다는 의욕이 싹텄다. 다음 인사에서 보도국 부장 겸 경제부장으로 발령이 나 전공인 경제 분야로 복귀했다. 후배들과 함께 한국경제와 산업, 기업들을 진단하고 분석하는 콘텐츠를 열심히 제작했다. 보도국장에 출마해 사장에게 추천되는 3인 명단에 들기도 했지만 '낙방'했다. 2007년 하반기 시국은 점점 대선국면의 열기가 더해가고 있었다. 이명박, 이회창, 정동영 후보가 격돌하는 3파전이었다. 나는 당시 세 후보를 각각 초청해 세 차례에 걸쳐 진행된 대선 후보 방송기자 토론회에 YTN 대표로 참여했다. 대선 후보 토론을 앞두고 KBS, MBC, SBS, YTN, CBS 등 각사를 대표해 나온 패널들이 질문 확정을 위한 준비 회의를 했다. 각자 준비한 질문들을 취합하되 각자 주제별 첫 질문은 다른 패널이 준비한 질문을 하도록 원칙을 정했다. 자기와 가까운 후보에게 유리한 질문을 하는 이해 상충의 이슈를 막으려는 조치였다. 뚜렷이 기억에 남는 장면은 이명박 후보와의 토론이었다. 나에게는 BBK 이슈에 대한 질문이 맡겨졌다. 실소유주가 이명박 후보가 아니냐는 의혹을 제기하는 역할이었다. 나는 다른 패널이 준비한 질문을 한 다음 추가 질문을 하면서 의혹 제기를 이어나갔다. MB는 민감하게 반응했다. 토론을 마친 후 'MB가 대통령이 되면 이민 가야 할지도 모르겠다'라고 농담을 하기도 했다. 다 알다시피 대선의 결과는 '이명박 대통령 당선'이었다.

보도국이 어수선해졌다. YTN은 한전의 자회사인 한전KDN이 1대 주주이고, 마사회, 우리은행 등 정부의 영향을 받는 기관들이 대주주였다. 이런 지배구조 탓에 사장은 사실상 정부가 임명해왔다. 그런 만큼 보수 정부로의 정권의 변화를 가져오게 된 대선 결과는 YTN에도 큰 변화가 일 것임을 예고해주는 것이었다. 나는 2008년 3월 7일 YTN을 떠난다. 이때의 이직은 나로서도 마음 아픈 일이다. 최근 YTN 사장 취임을 전후해 일부 후배들은 내가 기자 해직이라는 불행한 역사가 있었던 YTN 사태 때 이를 피해 회사를 나간 것으로 비판했다. 회사를 나갔다는 점에 대해서는 후배들에게 미안한 마음이다. 하지만 나머지는 사실과 다른 오해이다. 정권 교체로 보도국에는 정치 권력의 향배를 좇는 정치적 편향성의 흐름이 나타나기 시작했다. 경제 기자만을 해온 나는 그 분위기가 못마땅했다. 특히 정치적 견해가 다른 보수 성향의 보도국 상사 등과의 불편한 관계로 점점 스트레스 수준이 올라갔다. 이러던 시기에 경제전문 매체인 머니투데이에서 경제방송 개국을 추진 중인데 이 일을 맡아달라는 제안이 왔다. 깊고 깊은 고민의 시간이 계속됐다. 결국은 YTN을 떠나기로 했다. 딱 한 가지 이유 때문이었다. 정권 쪽으로 정치적 편향성을 보이는 인사들과 같은 공간에서 일하기가 싫었다. 비록 아직은 실체도 없고 시청층도 제한돼있지만, 평생 전문분야로 삼아온 경제 쪽에서 볼썽사나운 정치적 행위들을 보지 않은 채 일하는 게 낫겠다는 생각을 했다. 후배들의 섭섭함을 이해한다. 하지만 YTN 보도국 부국장 겸 경제부장을 했던 사람이 '꽃길'로 도피한 게 아니라 벌판에 나가 작은 매체를 새로 만드는 험한 일을 하겠다고 어렵게 결심한 것이어서 이해받길 바라는 마음이었다. 사실 성공할지 실패할지 앞날을 알 수 없는 작은 방송사를 세우겠다고 가는 쉽지 않은 선택이었다. 더구나 나는 기자 해직 사태를 보면서 떠난 게 결코 아니었다. 회사를 그만둔 2008년 3월 초는 노무현 정부 때 선임된 표완수 사장이 여전히 정상적인 집무를 하고 있었다. 과거의 동아일보 사태와 같은 기자 해직이 일어날 것이라고는 상상도 할 수 없던 때였다. 표완수 사장이 사임한 것은 내가 회사를 그만둔 지 두 달 후인 5월 7일이다. 그리고 낙하산 파동이 일어난 구본홍 사장이 취임한 것은 7월이다. 그리고 기자 6명이 해직되는 불행한 사태가 일어난 것은 10월이다. 사장 취임에 반대한다고 기자들을 대량 해직한 것은 있을 수 없는 일이었다. 나는 후배들의 이런 아픔을 같이하지 못한 점에 대해 진심으로 미안한 마음이다. 하지만 이런 끔찍하고 야만적인 일이 YTN에서 일어날 줄은 꿈에도 상상하지 못했다. '후배들이 해직당하는 데 선배가 떠났다'는 주장은 2008년 3월에 내린 이직 결정이 7개월 후에 벌어진 예상치 못한 기자 대량 해직을 예측한 신통력이 있는 결정이었다고 주장하는 것이나 다름없다. 사실이 아니다. 나는 단지 '정치 기자'들에 염증을 느껴 떠난 것이다.

경제방송 개국을 위해 벌판으로

앞에서도 설명했지만 YTN 경제부장직을 떠나 아직 실체조차 없는 경제방송을 세우겠다고 벌판으로 나선 것은 정말 무겁고 힘든 결정이었다. 이런 가정은 아무런 의미가 없지만 동고동락해온 후배들이 눈앞에서 해직 위기에 직면해 있는 것을 봤다면, 아니 회사가 정치적 소용돌이에 빠진 것을 목격했다면 어떻게 등을 돌리고 회사를 떠날 수 있겠는가. 정치 판세의 변화에서 오는 '관계의 압박'이 주는 갈등이 커서 떠난 것 그 이상도 이하도 아니다.

어쨌든 경제방송 개국으로 가는 발길은 가볍지 않았다. 내적 갈등이 심했다. 주변에서 아무도 눈치 채지 못했지만 전문가와 상담을 할 정도였다. 회사를 새로 세워 방송국의 문을 연다는 것은 밖에서 보기보다 무척 복잡한 일이었다. 내가 머니투데이방송 MTN의 입사 1호였으니 그때부터 직원도 채용하고 개국을 위한 많은 준비를 해나가야 하는 일들이 기다리고 있었다. 사실 방송 개국을 하는 일은 경험이 적어 막막했다. YTN처럼 이미 선배들이 세워놓은 터전 위에서 내가 맡은 분야의 역할을 미시적으로 하는 개국에는 참여해 봤지만, 처음부터 주도적으로 벽돌부터 쌓는 일은 새로운 도전이었기 때문이다.

MTN의 개국 작업은 홍선근 머니투데이 미디어그룹 회장의 지휘 아래 머니투데이 임원과 간부들의 적극적인 지원을 받아 차근차근 진행돼나갔다. 방송 개국을 위한 사무실은 현재 머니투데이 본사가 있는 청계천로의 청계한국빌딩 16층에 마련됐다. 말이 사무실이지 최초 근무 인원은 나와 머니투데이 국장급, 단 2명이었다. 실제 방송국이 들어갈 공간을 찾고, 같이 일할 직원들을 채용하는 게 가장 급한 일이었다. 홍선근 회장은 경제와 증권시장을 보도하는 방송국인 만큼 방송국은 자본시장의 중심지역인 여의도에 있는 게 바람직하다고 생각했다. 정확한 판단이었다. 얼마 되지 않아 홍 회장은 MTN의 위치를 여의도 금융감독원과 한국투자증권 사이의 하나금융투자 건물로 정했다고 밝혔다. 층고가 높은 건물 로비의 오른쪽 공간을 활용해 2개 층의 스튜디오를 마련하고, 사무실을 건물 내에 두는 것으로 확정됐다. 이 위치는 경제방송 중 가장 유리한 입지였다. 대부분 경제방송은 여의도 밖에 있었다. 기자들이 자본

시장을 취재하고, 또 증권사 전문가들이 방송 출연을 위해 이동하는 데는 MTN이 가장 편리한 위치였다.

채용 작업도 동시에 진행됐다. 아무런 방송 시설이 없는 상태 속에서도 공채 1기 기자를 선발한 것을 비롯해 데스크, PD, 기술 및 그래픽 전문 요원들이 잇따라 합류했다. 경력 간부나 직원들은 주로 기존 방송사에서 일하던 인력들이었다. 초기에는 기존 경제방송들의 견제로 채용에 어려움을 겪기도 했다. 직원을 선발해놓으면 다른 방송사에서 다시 뽑아가는 일이 벌어지기도 했다. 이런 어려움에도 같이 일할 직원들이 계속 채용됐다. 문제는 개국 준비를 위해서는 방송 장비가 필수적인데 장비 발주까지는 스튜디오 구축 등 많은 준비가 필요해 장비가 없는 상태에서 일정 기간 준비를 해야 했다는 데 있었다. 예컨대 공채 기자들을 뽑아 놓고 이들을 대상으로 한 훈련은 사무실에서 기사를 작성해 읽는 연습을 시키는 정도에 불과했다. 뒤돌아보면 이 또한 소중한 추억거리이다.

여의도 중심부에 방송국이 들어갈 '둥지'가 마련되면서 개국 준비는 본격화됐다. 사무실과 스튜디오 설계가 이뤄지고, 방송 세트 및 장비 발주도 진행됐다. 방송 인력 채용도 계속 이뤄져 백 명이 넘는 인력이 확보됐다. 방송 제작 쪽에서는 편성 계획과 프로그램별 제작 방안, 관련 그래픽 제작 등이 진행됐고, 보도 쪽에서는 출입처 선정과 경제방송에 맞는 뉴스 포맷 등 세부 계획이 준비됐다. 개국 예정일은 10월 1일로 정해졌다. 본격적인 카운트다운이 시작된 것이다. 긴장감이 커졌지만 일이 순조롭게 진행되는 듯했다. 그러나 세트가 말썽을 일으켰다. 선정된 업자가 만들고 있는 세트가 도면과 달랐고 방송 세트로는 사용될 수 없을 정도의 수준으로 제작되고 있었다. 비상이 걸렸다. 결국, 공사 중인 세트를 다 걷어내고 새로운 세트업자를 선정하는 것으로 결정이 내려졌다. 당혹스러운 순간이었다. 당시 나는 보도본부장으로서 개국을 진두지휘 중이었는 데 큰 책임감을 느꼈다. 이 일을 계기로 개국을 늦추자는 주장이 제기됐다. 세트를 새로 세워야 하는 상황인 만큼 개국을 미루자는 것이었다. 일리가 있는 의견이기도 했다. 하지만 세트 공기를 따져보니 빠듯하지만 약속한 대로 10월 1일 개국이 가능할 것이라는 판단이 섰다. 더구나 개국하면 초기에 이런저런 방송사고들이 날 수밖에 없는데 하루라도 빨리 개국을 해서 시행착오를 겪는 시기를 당기는 게 더 바람직할 수도 있다고 나는 생각을 했다. 격론이 벌어졌다. 나는 10월 1일 개국 강행을 고집했다. '최 씨 고집' 탓이었던지 개국은 10월 1일 확정됐다. 큰소리를 쳤는데 문제가 생기면 어떡하나 하고 내심 고민이 됐던 건 사실이다. 하지만 일수불퇴(一手不退). 한번 칼을 뽑았는데 무조건 성공시켜야 하는 일이었다.

나는 간부 및 직원들과 함께 야근하며 반드시 개국을 성공시키기 위해 총력을 기울였다. 경제방송은 무엇보다 새벽 6시부터 자정까지 증권 시황과 경제 보도를 중심으로 대부분 생방송으로 진행되기 때문에 출연진만 확보되면 방송이 가능한 구조였다. 제작진들과 머리를 맞대고 프로그램별로 방송 코너와 출연진들을 확정해나갔다. 보도도 정해진 뉴스 시간을 채울 수 있을 만큼의 리포트를 매일 만들어 낼 수 있을 정도의 기자들이 채용돼있었다. 10월 1

일 개국이 가능하다는 최종 판단이 섰다. 마침내 당일 새벽 첫 방송이 시작됐다. 일부 작은 실수는 있었지만 큰 사고 없이 하루 방송이 이뤄졌다. 안도의 한숨을 쉬었다. 고집을 부렸는데 큰 차질이 빚어졌다면? 상상하기도 싫은 시나리오였다. 개국을 위해 한 몸이 돼준 간부와 직원들의 협업이 없었더라면 불가능한 일이었다. 개국 멤버들에게 감사하는 마음이다. 나는 그때부터 모든 창업을 존경하게 됐다. 이런 예기치 못한 어려움은 모든 창업 과정에 있는 것 아니겠는가. 창업의 첫발은 그 자체만으로도 박수 받을 자격이 있다고 생각한다.

개국의 첫발을 뗀 MTN은 경제방송의 상위권 진입을 위해 열심히 달리기 시작했다. 그러나 하필 개국을 보름 앞둔 9월 15일 글로벌 투자은행인 리먼 브러더스의 파산을 시작으로 금융위기의 파장이 전 세계에 확산하기 시작했다. 개국 전후로 경제가 얼어붙는 악재에 직면하게 된 것이다. 경제 뉴스에 대한 수요가 커지긴 했지만, 자본시장이 급속 냉각되고 기업 경기도 위축돼 신설 방송사로선 매우 불리한 여건을 직면하게 됐다. 그 결과 개국 첫해인 2008년에 21억 원의 적자가 난 데 이어 2009년에도 17억 원에 가까운 적자를 기록했다. 회사 경영에 비상이 걸린 상황에서 나는 2009년 중반쯤 회사의 명에 따라 보도본부장 자리를 후배에게 넘겨주고 부사장으로서의 역할에 전념하게 된다.

이 기간에 나는 회사에 도움이 될 수 있는 새로운 사업을 기획했다. 우리나라 최초의 MBA 기업경영사례 분석대회(Case

Competition)를 개최해보기로 했다. 미국에서 MBA 공부를 하면서 기업들이 고민하는 경영상 이슈를 놓고 MBA 재학생들이 해법을 제시하는 경연대회를 본 적이 있는데 이를 한국에도 도입하면 좋겠다는 생각을 했다. 당시 정부는 해외 MBA 유학이 급증하는 추세에 대응해 국내 경영대학원의 한국형 MBA를 육성하는 정책을 펴고 있었다. 나는 연세대 경영대학원 측을 접촉해 공동개최에 합의한 다음 교육부와 산업자원부를 설득해 이 대회 대상으로 교육부 장관상과 산업자원부 장관상을 시상하기로 합의했다. 마지막 남은 과제는 MBA 학생들이 분석할 주제를 제공할 기업을 찾는 일이었다. 나는 SK텔레콤을 찾아가 대회 개요를 설명하고 참여해줄 것을 공식 제안하였다. SK텔레콤 측도 대회 취지에 공감하고 대회 주제를 제공하는 기업으로 동참해주었다. 마침내 모두 23개 MBA팀이 참여해 첫 대회가 성황리에 종료됐다. 새로운 행사를 기획하고 끝까지 완성하는 경험은 보람 있는 일이었다. 이 대회는 지금도 계속되면서 기업들과 경영대학원 간의 좋은 산학협력 사례로 자리를 잡아가고 있다.

나는 부사장의 역할에 전념하는 동안 매일 5분 남짓의 방송칼럼 '세상 그리고 우리는'을 진행했으며, '오 마이 트위터 라이프'와 '교실 밖의 경제학' 책 두 권을 집필하기도 했다. 그런데 2010년 초에 다시 보도본부장을 겸직하게 된다. 시청률을 정상 궤도로 바로잡기 위한 해결사로 투입된 것이다. 다양한 노력을 시도했다. 핵심은 일 년에 봄과 가을 두 차례에 하는 정기 편성개편을 상시 개편 체제로 바꾸는 것이었다. 성과가 좋지 않은 방송 코너는 시간을 끌지 않고 바로 수정하고, 심지어 프로그램도 수시로 바꾸는 기동성을 부여했다. 또 경제방송은 경제와 자본시장 등에 대한 속보를 최대한 빨리 전한 다음 이른 시간 안에 심층 분석으로 이어지는 순발력을 체질화하는 게 승부처라고 봤다. 다시 말해 속보 자막 보도→기자의 전화 리포트→전문가의 심층 분석이 물 흐르듯이 속도감 있게 이어졌을 때 시청자의 눈길을 잡을 수 있다고 봤다. 이런 전략이 주효해 반년여 만에 시청률은 원래 수준을 회복했다. 그러나 경영이 문제였다. 2012년부터는 매출의 절대액이 줄어들고, 적자 폭도 확대됐다.

사실 MTN은 경비 지출에는 별다른 문제가 없었다. 방송사들은 초기에 투자 수요가 많아 허리띠를 푸는 경우가 많은데 문을 열자마자 금융위기가 발생해 허리띠를 바짝 조일 수밖에 없었다. 경비 지출에 도덕적 해이가 생길 틈이 없었다. 매출이 문제였다. 물론 경영은 최종적으로 사장의 책임이지만 경영 악화를 그대로 두면 회사 전체가 위기를 맞게 될 것으로 우려됐다. 2014년 하반기에 부사장으로서 나는 특단의 대책이 필요하다고 판단했다. 그래서 개국 이후 처음으로 국제 컨퍼런스인 'Seoul Future Forum'을 런칭하고 이 컨퍼런스의 성공을 위해 간부들과 함께 최선을 다했다. 결과는 대성공이었다. 이 행사의 성공으로 MTN은 2014년에 흑자로 전환한다. 한 해 전인 2013년의 25억 원 적자에서 5억 원 흑자로 수지가 크게 개선됐다. 나는 2015년 1월 머니투데이방송 사장에 선임됐다. 7년간 일하던 부사장 겸 보도본부장실에서 사장실로 자리를 옮겼다.

3년 연속 흑자행진의 성과

사장과 부사장은 '부'자가 있고 없고의 차이지만 실제로는 역할에 큰 차이가 난다. 사장은 모든 일의 최종적 책임자라는 점에서 그렇다. 부사장이야 경영이 잘 안 되면 사장 책임으로 돌리면 되지만 사장은 물러설 자리가 없는 위치에 있다. 직원 수가 2백여 명으로 늘어난 MTN의 성장과 기업으로서의 지속 가능성, 수익성, 기업문화, 직원들의 자아실현 등 가장 큰 몫의 책임을 안고 가는 자리여서 어깨가 무거웠다. 다만 입사 1호로 7년 동안 직원들과 동고동락하며 회사 사정을 속속들이 아는 점이 장점이라면 장점이었다. 나는 사장이 된 후 크게 세 가지에 경영의 역점을 두기로 했다. 첫째는 안정적인 흑자기조의 정착, 둘째 사업 다각화, 셋째 협업하는 기업문화의 조성이었다. 콘텐츠는 보도본부장 자리를 떠난 만큼 기본적으로 후임자에게 재량권을 주며 지원하되 전략적인 문제가 생길 경우에만 의견을 말하기로 했다.

먼저 흑자 기조 정착 문제. 적자가 오랜 기간 계속된 회사에서 일해 본 사람은 알겠지만 정말 회사 분위기 안 좋고 임원은 죽을 맛이다. 패배주의적인 분위기가 흐른다. 공격적인 투자를 해보려고 해도, 인력을 더 채용하고 싶어도 주춤거린다. 건전한 기업문화 같은 목표는 멀리만 느껴진다. 흑자로 전환되면 무엇보다 임직원의 표정부터 바뀐다. '한 번 해보자'는 자신감이 싹튼다. 필요한 인력도 더 뽑을 수 있고, 새로운 장비 등에 대한 투자도 시작되게 된다. 적자와 흑자의 차이는 단순히 '마이너스'와 '플러스'의 차이가 아니다. 기업 활력에 하늘과 땅의 차이를 가져온다. 이런 의미에서 흑자로 돌아선 수지를 더욱 개선해 흑자기조를 '불가역적'으로 만드는 게 매우 중요하다고 나는 생각했다. 이런 일을 하기 위해 제일 중요한 것은 CEO의 비전 제시와 솔선하는 리더십이다. 나는 임직원들에 합심해서 매출액 이익률 10%의 건강한 미디어 기업을 만들어보자고 비전을 제시했다. 그리고 큰 일 작은 일, 좋은 일 궂은일 가리지 않고 내가 앞장서서 뛰었다. 점심과 저녁은 물론 업무 시간에도 외부에 나가 최대한 많은 광고주와 만났다. MTN의 성장과 지향하는 가치를 설명하고 설득했다. CEO가 솔선하면 임원과 간부들도 이 대열에 참여한다. 일부에서는 콘텐츠만 잘 만들면 시청률이 오르고, 매출은 자동으로 늘어난다는 말을 하는 사람들도 있다. 현실을 몰라도 너무 모르는 발상이다. 제작비를 많이 투입하면 시청률이 상승하긴 한다. 하지만 지나친 제작비 투입은 수지에 부담이 된다. 적절한 제작비를 투자해 시청률 상승을 극대화하는 게 지혜로운 방법이다. 이론적으로 입증된 내용이다. 또 시청률이 잘 나온다고 해도 매출을 극대화하는 것은 다른 문제이다. 물론 광고 수입이 늘어나는 것은 분명하다. 하지만 적극적으로 광고주를 접촉해 마케팅을 하는 것과 소극적으로 하는 것은 큰 차이를 가져온다. 어차피 일은 숫자가 아닌 관계의 문제이기 때문이다. CEO가 풀어가야 할 일이 이 관계의 영역이라고 생각한다. 특히 머니투데이방송 같은 소규모 방송사는 더욱 그렇다. 나는 필요할 경우 광고주에게 직접 손으로 편지를 써서 관계를 터 나가기도 했다.

다음으로 사업 다각화를 위해 노력했다. 나는 광고협찬에 지나치게 의존하는 미디어 수익구조는 언젠가 한계에 부딪힐 것으로 보고 있다. 나뿐만이 아니다. 대부분 미디어 종사자들은 이런 위기의식을 가지고 있다. 이런 관점에서 머니투데이방송은 방송 광고 및 협찬에 대한 의존도를 줄여나가야 한다고 생각했다. 이를 위해 온라인 광고 및 사업 수익 확대를 위해 노력하고 본사에 있는 ICT 전문잡지인 '테크M'을 인수해 사업 부문으로 추가했다. 나는 보도본부장 시절부터 경제교육 사업에 관심이 많았다. 경제전문방송인 만큼 경제교육에 차별적인 경쟁력을 가질 수 있다고 봤다. 그래서 앞에서 언급한 MBA 기업경영분석대회를 비롯해 경제스피치대회,

청소년 최고경영자 AMP 과정 등을 운영했다. 하지만 사업 다각화는 원하던 만큼의 성과를 내지는 못하고 MTN을 떠나면서 숙제로 남겨놓게 됐다. 실제로 국내외 미디어 기업 중 사업 다각화로 인상적인 성과를 거둔 사례는 찾아보기가 어려운 상황이다. 모든 미디어 기업의 경영자들이 안고 있는 고민거리이다.

셋째로 이젠 흑자기조로 들어선 만큼 건강한 기업문화를 위해 노력할 때라고 생각했다. 다양한 경험을 가진 인력들을 한데 모아 합심하는 조직을 만들어 가는 일은 생각보다 쉽지 않다. 개국 초기부터 뒤돌아보면 셀 수 없을 정도의 충돌이 여기저기에서 발생했다. PD와 기술 스태프가 갈등을 빚고, 제작진과 그래픽 스태프들이 충돌하는 등의 일이 다반사로 벌어졌다. 경험과 생각, 개성이 다른 직원들이 MTN이라는 한 우산 아래 '한 가족'이 되기 위해서는 큰 노력이 필요했다. 처음에 내가 한 실수는 어떤 두 조직 사이에 갈등이 생기면 각각 의견을 들어보고 의견이 더 일리가 있는 한쪽의 손을 들어준 것이었다. 표면적으로 문제는 해결된 것 같았는데 나중에 보니 손을 들어주지 않은 쪽의 불만이 '휴화산'으로 잠복했다. 이를 깨닫고 문제 해결 방식을 바꿨다. 양측을 불러 쟁점이 되는 이슈를 정리하게 한 다음 두 번이든 세 번이든 만나 합의점을 찾아오도록 했다. 스스로 문제를 해결하도록 하는 방법이었는데 이게 효과를 보기 시작했다. 이와 함께 나는 임직원들과 벽을 낮춘 대화를 하기 위해 노력했다. 권위주의적 리더십으로 성과를 내는 CEO도 있고, 민주적 리더십으로 조직을 원하는 목적지로 이끌고 가는 CEO도 있다. 내가 선호하고 내 몸에 맞는 것은 후자이다. 설득하고 솔선함으로써 임직원들이 가길 희망하는 방향을 보여주고자 했다. 조직의 혁신을 주문할 때도 '혁신하라!'고 지시하기보다 '종래의 성공 경험을 버려야 새롭게 실행할 수 있다'고 기회 있을 때마다 설득했다.

경영 전략을 얘기하면서 방송의 가장 큰 축 중의 하나인 콘텐츠는 아직 언급하지 않았다. 콘텐츠 부분은 보도본부장의 재량권에 맡겨진 부분이고, 콘텐츠 전략에 관한 생각은 내가 보도본부장 때와 달라진 게 없어 반복을 피했을 뿐이다. 경제방송은 국내외 경제와 자본 및 부동산 시장 등 경제정보를 전달하는 미디어인 만큼 빠르고 정확한 콘텐츠뿐만 아니라 깊이 있는 심층 분석이 매우 중요하다. 따라서 우수한 콘텐츠를 가진 좋은 전문가들을 확보하고, 실제 이슈가 발생했을 때는 '속보→기자 리포트→심층 분석'의 삼박자를 빨리 가져가는 순발력이 중요하다. 또 경제방송은 시청자 층이 제한돼있는 만큼 더 중요한 콘텐츠 유통창구인 온라인과 모바일, SNS, 유튜브 등을 적극적으로 활용할 필요가 있다. 나는 MTN 사장을 할 때 이를 적극적으로 강조했고, 실제 변화를 유도하기 위해 지원을 하는데도 많은 관심을 두었다.

지금까지 말한 노력이 어우러지고 임직원들이 합심한 결과로 2014년에 139억 원이었던 매출은 2016년에는 175억 원으로 늘어났고 흑자도 2014년의 5억 원 선에서 2015년 24억 원, 2016년 19

억 원을 각각 기록했다. 2017년은 YTN 사장 지원을 위해 10월 말에 사임했는데 나중에 확인해보니 매출 191억 원, 흑자 12억 원을 낸 것으로 나타났다. 4년째 흑자기조 행진을 이어 가고 있다. 또 콘텐츠 면에서도 2017년 3월에는 방송통신위원회 방송대상 시상식에서 제작역량우수상을 처음으로 받았다.

나는 2008년 3월부터 몸담아온 MTN을 2017년 10월에 떠났다. YTN 사장 공모에 참여하기 위해 10년이 넘게 손때가 묻은 회사를 떠나면서 많은 감회가 스쳤다. 가장 먼저 회사에 입사해 임직원이 200여 명이 되고, 매출이 2백억 원 가까이 성장하는 과정을 지켜보았다. 오랜 기간의 적자와 흑자를 오가는 부침의 과정이었다. 작은 방송사가 어느새 경제방송 상위 채널로 자리를 잡았다. 다툼이 적지 않았던 회사는 '대한민국 대표 경제방송'이라는 깃발 아래 한 가족이 됐다. MTN의 전 · 현직 임직원들이 헌신과 열정을 씨앗으로 뿌려준 결과이다. 내가 보여준 것은 단지 '신설 미디어 기업의 성실한 리더십'이었다. 모두 같이 가야 할 방향을 제시하고, 제일 선두에 서서 뛰고, 힘든 일에 걸려 넘어질 때도 좌절하지 않고 다시 일어나 뛰었다. 후배들을 같이 뛰자고 독려했다. 계획과 말은 얼마든지 아름다울 수 있지만 정말 중요한 것은 열매를 만들어 내는 실행력임을 강조하고 이를 보여주려 노력했다. 혁신의 걸림돌은 과거의 성공 경험에 대한 자만임을 경계하며 스스로 먼저 새로운 시도를 하려고 앞장섰다. 군림하는 리더십 보다 눈높이를 낮춘 민주적 리더십으로 화합하는 기업문화를 꿈꿨다. 재무적으로 견실

한 회사를 만들었지만 역량의 부족으로 이루지 못한 것도 적지 않고, 관심의 부족으로 놓친 것도 있을 것이다. 그 책임은 온전히 내 몫이다. 지금 열심히 뛰고 있는 후배들이 풀어갈 것으로 기대하며 밖에서 응원을 보낸다.

8년간 대담 프로그램 '더 리더' 진행

나는 보도본부장 시절인 2009년 9월부터 2017년 10월 MTN을 떠날 때까지 주간 대담 프로그램인 '더 리더'를 진행했다. 오피니언 리더들을 초대해 그들의 삶과 인생철학, 경영 또는 조직관리 철학 등을 들어보는 자리였다. 380회가 방송돼 정말 많은 분과 대담을 통해 만날 수 있었다. 2015년 사장이 돼서도 이 프로그램만큼은 내가 직접 진행했다. 오피니언 리더들과 만나 대담을 나누면서 많은 것을 배웠다. 또 그들과 친분을 쌓으면서 MTN에 우호적인 인사들을 늘려나가는 것도 중요했다. 출연자 중 가장 대표적인 인물은 에마뉴엘 마크롱 현 프랑스 대통령이다. 마크롱은 2014년 11월에 경제산업부 장관 자격으로 우리나라에 왔을 때 '더 리더'에 출연했는데 그는 이 자리에서 제조업과 인공지능, 서비스를 접목해 프랑스 경제의 새로운 먹거리를 만들겠다고 강조했다. 2017년 5월에 마크롱은 프랑스 대통령에 취임했다. '소유의 종말', '유러피언 드림' 등 저서로 유명한 제레미 리프킨을 비롯해 프랑스 파리정치학교 교수를 지낸 기 소르망, '드림 소사이어티'의 저자인 롤프 옌센 등 석학들과 대담을 나눈 경험은 매우 뜻 깊었다. 제레미 리프킨은 모든 빌딩을 '미니 발전소'로 만드는 등 유럽에서 진행 중인 다양한 에너지 확보 방안을 소개했다. 국내에서는 이어령 이화여대 명예교수, 최재천 이화여대 석좌교수, 차동엽 신부, 이시형 사회정신과 전문의, 유승민 IOC 위원 등이 출연했다. 이어령 교수는 우리 사회가 나아갈 방향에 대해 의미 있는 제언을 했다. 이제는 '창조'가 자본이 되는 사회이기 이기 때문에 1등, 즉 '넘버 원'만을 키우지 말고 각자가 다른 사람이 따라올 수 없는 자신만의 차별적인 재능을 갖는 '온리(Only) 원'을 키워야 한다고 역설했다. 창의성이 핵심인 4차 산업혁명시대를 꿰뚫어 보는 혜안이다. 이시형 선생님은 행복에 이르는 지혜에 대해 조언했다. "더 이상 욕심을 그만 부리고, 가진 거로 만족할 줄 알아야 합니다. 조금 부족하다 싶어도 그것으로 만족할 줄 아는 자세가 무엇보다 필요합니다. 그래야 행복해집니다."

예술인 중에서는 금난새 지휘자, 서희태 지휘자, 정명화 첼리스트, 임현정 피아니스트를 만날 수 있었다. 클래식의 대중화를 선도하고 있는 금난새 지휘자, 서희태 지휘자와의 대담은 그들의 음악관을 들어볼 좋은 기회였다. '벤처 음악 CEO'로 불리며 '천막 연주회' 등 다양한 실험을 해온 금 지휘자는 자신의 사무실에서 이뤄진 대담에서 "음악은 관객이 원하고 관객이 필요로 하는 것이어야 한다."고 강조했다. 서 지휘자와의 대담은 그의 집에서 부인인 소프라노 고진영씨와 같이 진행됐다. 서희태 지휘자는 "저와 오케스트라를 위한 음악이 아니고 대중을 위한 음악을 하려고 한다."고 말했다. 두 지휘자 모두 클래식의 대중화라는 같은 철학으로 음악에 접근하고 있는 것이다. 정명훈 지휘자 겸 피아니스트, 바이올리니스트 정경화와 함께 트리오 '연주자 가족'으로 유명한 정명화 첼리스트와의 대담도 그녀의 자택에서 이뤄졌다. 정 첼리스트는 "음악은 제 마음의 표현입니다. 제가 좋아하는 음악을 많은 사람에게 전달할 수 있어 좋습니다. 이제 첼로는 제 목소리고 제 마음입니다."라고 자신의 음악 세계를 표현했다.

경제방송의 대담 프로그램인 만큼 많은 CEO가 '더 리더'의 스튜디오를 거쳐 갔다. 김정태 하나금융회장, 김병원 농협중앙회장, 김동수 듀폰 아시아태평양법인 회장, 윤윤수 휠라코리아 회장, 김영세 이노디자인 대표, 이갈 에르리히 이스라엘 요즈마그룹 회장, 호우 샤우난 텐센트 대표, 보 크리스텐센 레고 코리아 대표 등이 MTN에 초대에 응했다. 기억에 많이 남는 CEO는 윤윤수 휠라코리아 회장이다. 대담하기 위해 그의 사무실을 찾았는데 생각보다 크지 않았던 데다 의자도 낡았고, 그가 가지고 다니는 백 팩이 눈에 들어왔다. 검소하게 생활하는 CEO라는 게 첫인상이었다. 윤 회장은 브랜드를 빌려 쓰는 라이센시들에게 브랜드를 장기간 안정적으로 쓸 수 있게 해주는 조건으로 자금을 조달하는 창의적인 아이디어를 내 휠라 본사를 인수한 주인공이다. 그래서 그 사연을 듣는 것만으로도 흥미로운 대담이었다. 한국인으로서 미국 기업인 듀폰의 최고위직까지 오른 김동수 회장의 인생철학은 왜 그가 외국인으로서 미국 사회에서 성공할 수 있었는지 그 힘을 알게 해주었다. 그가 강조한 삶의 태도는 '박스를 벗어나라, Break the box'이다. 과감하게 안전망을 벗어나는 사람에게 기회가 온다는 얘기이다. 보 크리스텐센 레고 코리아 대표와의 대담도 유익했다. 그는 파산 직전까지 몰렸던 레고가 '직접 조립하고 창작을 즐기는 핵심가치'로 돌아가 재기한 경험을 들려주었다. 이 밖에 더 리더에는 박원순 서울시장, 유명민 과학기술정보통신부장관, 엠마뉴엘 오그 AFP 회장, 슈테판 아우어 독일대사 등이 출연했다.

8년 동안 다양한 국내외 리더들과 만나 그들이 자신의 전문분야에서 큰 성취를 이루기까지 어떤 삶의 태도와 철학을 가지고 임했는지를 들어보고 또 그들의 식견으로부터 많은 것을 배우는 기회를 가질 수 있었던 것은 나에게 큰 행운이었다. 리더들은 크게 세 가지의 특징 또는 장점이 있었다. 첫째 어려운 상황에서도 자신이 세운 꿈을 의심하지 않고, 긍정적 집념으로 도전하고 인내하며 앞만 보고 나아갔다. 둘째, 설사 실패하더라도 좌절하지 않고 다시 일어서는 오뚝이 정신을 보여줬다. 마지막으로, 다른 사람들과는 다른 생각으로 자신만의 차별화된 성과를 이뤄냈다. 다르게 봐서 달라진 것이다. '더 리더' 진행은 개인적으론 생방송이든 녹화방송이든 방송 진행에 부담을 느끼지 않고 익숙해지는 긍정적 효과를 가져왔다. 많은 청중이 모인 행사에서 무대에 올라 발표를 할 때 덜 긴장하고 자연스럽게 말할 수 있게 된 것도 방송 경험 덕분인 듯하다.

대담 프로그램은 준비된 질문을 가지고 시작하지만 상대방의 이야기의 흐름에 따라 기존 질문지를 무시하고 애드립으로 새로운 질문을 만들어 내 이어가야 하는 경우가 적지 않다. 오랜 기간 진행을 하다 보니 순발력 있게 대응하는 능력이 향상돼 감을 느꼈다. 지승룡 민들레영토 대표와의 대담은 이런 점에서 기억에 많이 남는다. 지 대표가 워낙 편안하게 대답을 해서 녹화 내내 아예 질문지를 참고하지 않고 질문과 답변을 주고받는 매우 편안한 대담이었다. 반면 일부 출연자들의 경우는 무척 긴장하는 편이었다. 이런 경우 바로 준비한 질문을 하면 방송 차제가 차질을 빚게 된다. 이럴 땐 짧게 대답할 수 있는 질문을 생각해내 편안한 답변을 유도하다가 상대가 방송에 적응하는 모습을 보이면 당초 계획했던 질문을 하는 게 바람직하다. 많은 해외 명사들을 만날 수 있었던 것도 값진 경험이었다. 마크롱 당시 프랑스 경제산업부장관과는 우리말로 질문을 하고 마크롱 장관이 영어로 답을 하는 식으로 녹화가 진행됐지만 대부분 해외 명사들은 영어로 대담을 했다. 유학을 마치고 2003년 이후 쓸 기회가 적었던 영어를 활용할 좋은 기회가 되기도 했다.

나는 기자다

'친정'인 YTN으로... 미완의 꿈

국정농단 사건 등으로 민심의 분노에 직면한 박근혜 전 대통령이 탄핵 됐다. 그리고 국민적 촛불의 염원을 담아 문재인 정부가 2017년 5월 출범했다. YTN에도 큰 변화가 일어났다. 해직 기자들이 3,249일 만에 YTN에 돌아왔다. 조준희 사장은 전격 사퇴했다. 새 사장을 뽑기 위한 공모절차가 7월에 시작됐다. 새 사장이 선임될 것으로 보였지만 의외의 결과가 나왔다. 노종면 YTN 해직 기자가 서류 심사에서 탈락하고 면접에 오른 4명 모두 부적격 처리돼 공모가 무산됐다. 사장 재공모가 불가피했다. 나는 처음엔 재공모 참여에 관심이 없었다. 그런데 주변의 강력한 권유가 있었다. 고민 끝에 재공모에 참여하기로 했다. 기자들의 꿈인

공정 보도의 취지에 공감했기에 보도의 방향성에 있어선 이견이 있을 수가 없었다. 따라서 내가 경영의 기반을 단단히 다지면 '보도도 공정하고 경영도 튼튼한 YTN'을 만들 수 있을 것으로 생각했다. 무엇보다 YTN 개국 멤버로서 초기 콘텐츠 안정에 기여했고, 경영기획실장으로 경영개혁을 주도한 데다 머니투데이방송에서의 경영 성과가 좋았기에 도전해보기로 했다. 재공모 마지막 날인 10월 20일에 서류를 접수했다. 서류 심사를 통과하고 면접을 거쳐 11월 5일 YTN 이사회에서 사장으로 내정됐다. 나는 제출한 서류와 면접을 통해 과거의 잘못된 의사 결정을 바로잡는 등 비정상의 정상화를 이루고, 콘텐츠 혁신과 경영혁신의 두 바퀴로 새롭고 강한 YTN을 만들어나가겠다고 강조했는데 내 경험과 이런 경영철학을 긍정적으로 평가해준 결과가 아니었나 싶었다.

나는 12월 28일 주주총회에서 사장으로 선임됐다. 공모 서류 심사, 면접, 이사회의 사장 내정, 주총의 사장 선임 등 합법적 절차가 완료되는 순간이었다. 다음날인 29일 제12대 YTN 사장으로 공식 취임했다. 나는 취임사에서 "보도 및 권력 유착, 인사 농단과 경영상 불법행위 등 적폐를 엄정하게 처리하겠다."는 의지를 밝혔다. 이와 함께 보도국의 독립적 운영 보장을 약속하고 콘텐츠 혁신안이 확정되면 이를 적극적으로 지원하겠다고 말했다. 경영에 대해서는 수익원을 다변화하고 사업 구조를 혁신해 건전한 경영구조를 갖추겠다고 강조했다. '어두웠던 지난 시간을 청산하고 새롭게 도약하는 New YTN, 이를 통해서 하나가 되는 One YTN'을 이루자는 게 내 청사진의 골자였다. 나는 이 꿈을 이루지 못했다. 사장의 정당한 인사권 행사인 보도국장 선임에 반발하면서 노조는 나의 사퇴를 요구하며 2월 1일부터 파업에 들어갔다. 파업이 장기화하면서 나는 4월 27일로 예정된 남북정상회담 보도가 정상적으로 이뤄지지 못할 것을 우려했다. 보도전문 채널로서의 YTN의 존립 근거가 흔들릴 것을 걱정했다. 결단의 순간이 다가왔다. 대표이사로서 파업 중인 직원들을 다시 회사로 돌아오게 해 한반도 평화의 물꼬를 틀 역사적인 남북정상회담을 국민에게 정확하게 전하는 게 내가 할 수 있는 역사적인 소명이라는 판단을 했다. 그래서 4월 24일 '중간평가 즉시 실시'를 노조에 제안하고 투표자의 과반이 불신임하면 퇴진하겠다는 뜻을 밝혔다. YTN 노조는 제안을 수용하고 남북정상회담 하루 전인 26일 업무에 복귀했다. 27일 남북정상회담 보도가 정상적으로 이뤄졌다. 2018년 5월 4일 사장에 대한 중간평가의 투표함이 열렸다. 개표 결과 과반인 55.6%가 불신임해 약속한 대로 사장 자리에서 내려왔다. 어둡고 무거웠던 128일간의 짐을 내려놓는 순간이었다.

중간평가에서 과반의 불신임으로 퇴진하게 된 사장으로서 그동안 있었던 일에 대해 구구절절 많은 말을 하고 싶진 않다. 한바탕 악몽을 꾸고 난 뒤의 느낌이기 때문이다. 나에 대한 노조의 왜곡되고 과장된 비난으로 실제 모습과 전혀 다른 '괴물 최남수'가 만들어진 데다 내 참모습을 알릴 수 있는 경영을 제대로 할 수 없었던 상황이었는데도 44%의 직원이 신임해준 데 대해 감사할 따름이다. 하지만 사장도 한 인간으로서 존중받아야 할 인격과 명예가 있는데 지나치게 매도당한 것은 두고두고 섭섭하다. 선후배 관계로 평생 쌓아온 관계마저 무너져가는 걸 보는 것은 가슴 아리는 쉽지 않은 경험이었다. 노조의 비난에 대해 여기에서 세세히 언급하고 싶지는 않다. 하지만 방어권을 행사하고 명예를 회복하기 위해 뒤늦게나마 진실을 기록으로 남겨두고 싶었다.

먼저 노조는 나에게 '박근혜 찬양'이라는 프레임을 씌웠다. 2014년 세월호 참사 직후 박근혜 대통령이 대국민 담화를 하면서 흘린 눈물에 대해 '진정성이 있었다고 본다'는 내 페이스북 글을 한 언론이 보도하자 노조는 나를 '박근혜 찬양'으로 몰아세웠다. 나는 세월호 참사 이후 통곡을 했고 슬픔이 너무 커 안산 분향소에 두 차례 들려 무릎을 꿇고 희생된 학생들에게 기성세대의 한 사람으로서 눈물로 사죄하고 그들의 명복을 빌었다. 그리고 당시 페이스북에 다수의 글을 올려 부실한 국가구조 체계, 해경의 '무대책' 초기 대응 등을 들어 박근혜 정부를 비판하고, 한국 사회의 부조리한 면에 대해 문제를 제기했다. 다만 내 슬픔이 너무 커 박 전 대통령의 눈물을 '눈물'로 본 감성적 반응이 잘못이라면 잘못이다. 하지만 그 글의 취지는 당시 여권이 박 대통령의 눈물을 선거에 끌어들이지 말라는 경고였다. 내 감성적 판단은 착오였다고 치자. 그렇다고 전체 글과 그동안 써 온 글들의 맥락을 보면 어떻게 나를 '박근혜 찬양'으로 매도할 수가 있는가. 찬양의 의미는 '아름답고 훌륭함을 크게 기리고 드러냄'이다. 이래도 '찬양'인가. 나는 박근혜 대통령이 취임하기 한 달여 전 쓴 '전라도 사람으로 살기'라는 칼럼에서 차별로 인한 전라도 사람들의 깊은 상처를 언급하면서 영남 출신인 박 대통령이 이를 치유해줘야 한다고 주문하기도 했다. 또 국무회의에서 장관들이 대통령 글을 받아 적는 데 여념이 없고 토론이 없는 점을 비판하는 글을 쓰기도 했다. 특히, 나는 박근혜 정부의 국정농단 사건에 대해 국민의 한 사람으로서 분노하고, 촛불 시위에 참여해 '박근혜 퇴진'을 외쳤다. 박 대통령이 국민의 심판을 받아 탄핵 될 때 정의의 승리에 큰 박수를 보냈다. 적어도 한 사람을 어떤 성향으로 비판하려면 그 사람이 그동안 그 이슈에 대해 어떤 입장을 취해왔는지 전체를 보고 판단하는 게 맞다. 넓은 백사장에 돋보기를 들이대다가 한구석에서 작은 휴지 조각 하나를 찾았다고 전체 백사장이 쓰레기장이라고 외치는 건 악의 아니고는 설명이 되지 않는다.

나를 'MB칭송'으로 몰고 간 것도 지나쳤다. 나는 평생 경제기자를 했다. 어느 정부든 잘한 것을 긍정 평가하고, 잘못한 것에 대해서는 문제를 제기하는 데 주저하지 않았다. 노조에서 문제 삼은 것은 이명박 전 대통령의 재산 기부와 자전거 길을 긍정 평가한 글이었다. 표현상의 문제가 있었던 점은 인정한다. 하지만 나는 따뜻한 자본주의를 경제철학으로 가지고 있기에 부자의 기부를 긍정적으로 보는 입장이었다. 당시 정치권의 성명이나 대부분 미디어의 보도를 봐도 MB의 재산 기부에 대한 부정적 평가는 많지 않았다. '정치적 꼼수'라든가 하는 비판은 이후에 나온 것들이다. 자전거 길에 대한 글도 4대 강 사업에 대해 우호적 글을 쓴 게 아니다. 자전거 애호가였기에 자전거 길에 대한 기대를 보인 정도였다. 나는 이명박 정부의 경제정책에 대해 비판적 입장이었으며 종편에 대해 부정적인 평가를 하는 칼럼을 쓰기도 했다. 더구나 앞에서 소개했지만 MB가 대통령 후보 시절에는 방송기자 토론회에 패널로 참가해 BBK 이슈를 집중 질의하는 역할을 맡았고, 내 질문 공세에 그가 역정을 내기도 했다. 이런 나에게 'MB칭송'이란 딱지를 붙인 건 번지수를 잘못 짚어도 한참 잘못 짚은 것이다.

'박근혜 찬양'과 'MB 칭송'이라는 왜곡된 비난도 어처구니가 없었지만 한 언론의 '한일 역사관' 문제 제기에 이어 노조가 나를 '친일'로 매도한 것은 선을 넘어도 한 참 넘은 무리한 주장이었다. 2015년 9월 신라아이파크면세점 측과의 저녁 자리에서 내가 "왜 한국 사람들은 일본에 사과하라는지 모르겠다."고 말하고 일본군 위안부 문제 등 일본이 왜곡하고 있는 역사에 대해서도 "전쟁 중에 안 그런 나라가 어디에 있느냐?"는 식으로 이야기를 했다는 게 보도의 내용이었다. 노조는 이를 근거로 나를 '친일'로 몰아세웠다. 억울하기 짝이 없는, 진실이 아닌 왜곡된 매도였다. 최소한의 명예 회복을 위해 그 근거를 제시하고자 한다. 첫째, 나는 일본이 한국을 무력 지배하면서 저지른 만행에 대해 우리 국민이 가지고 있는 민족적 정서와 똑같은 역사관을 가지고 있는 대한민국 국민이다. 평생 한일 역사관 문제로 논란을 빚어본 적이 없는 사람이다. 언론이 나의 발언이라고 보도한 내용은 소신이 전혀 아닐 뿐만 아니라 그런 맥락의 말은 한 적이 없다는 게 진실이다. 둘째, 당시 저녁 자리에는 MTN에서 나를 포함해 4명, 신라아이파크면

세점에서 4명이 자리를 같이했다. 제보자인 면세점 측의 한 명을 제외한 나머지 7명은 그런 발언을 들은 적이 없거나 기억나지 않는다고 경찰에 진술했다. 특히 MTN 참석자들이 그런 얘길 들은 적이 없다고 하는데도 어떻게 한 명의 얘기만 듣고 기사를 쓸 수 있는지 언론인의 양식으론 도저히 이해가 되지 않는다. 특히 그 자리에는 MTN의 여성 간부가 배석했다. 그런데 위안부 문제에 대해 "전쟁 중에 안 그런 나라가 어디에 있으냐?"는 발언을 정말 했다면 그 시점에서 문제가 크게 돼 나는 이미 사회생활이 불가능해졌을 것이다. 이런 문제 제기를 해당 언론 측에 하자 이후부터는 위안부 발언 관련 문제 제기는 자취를 감췄다. 하지도 않은 말을 했다고 한 것이다. 특히 저녁 자리 참석자 8명 중 7명이 해당 발언을 들은 적이 없거나 기억나지 않는다고 하지 않았는가. 더구나 제보자는 당시 식사 자리가 저녁이었는데도 점심이라고 하는 등 기본적인 팩트조차 제대로 말하지 못했다. 신빙성이 없다고 보는 게 당연하지 않은가. 다시 강조하지만 나는 친일 역사관을 가지지도 않았고 뉴라이트도 아니다. 일제에 의해 짓밟힌 우리 과거사에 대해 나는 우리 국민처럼 같이 분노하고 아파하는 건전한 역사관을 가진 대한민국의 국민이다.

이밖에도 또 다른 언론은 나의 사생활에 대해 허위 사실을 포함 시켜 왜곡 보도를 하였다. YTN 사장 수행 자격과 아무런 관련이 없는 이슈를 그것도 거짓된 내용을 넣어서 보도한 것을 보고 억장이 무너졌다. 한일 역사관과 사생활 건을 보도한 두 매체에 대해서는 정도가 심하다고 보고 YTN 사장 재직 시절 소송을 제기했었다. 하지만 지난해 11월 생각을 정리하다 억울하지만 과거는 모두 흘려보내고 새 출발을 하는 데 초점을 맞추는 게 바람직할 것이라는 쪽으로 마음을 정했다. 이미 사장을 그만둔 마당에 과거 일에 더 이상 매달려있는 것은 에너지 낭비라는 판단이었다. 그래서 깊은 고민 끝에 소 취하를 했다. 그런데 소 취하는 상대방이 동의해야 완성이 된다. 당연히 두 매체가 동의할 것으로 예상을 했다. 하지만 사생활 건을 보도한 매체는 소 취하에 동의하지 않았다. 이해가 되지 않았다. 소송이 끝까지 진행됐다. 결과는 사필귀정! 법원은 해당 미디어의 발행인과 기사를 쓴 기자가 공동으로 나에게 위자료 1천만 원을 배상하라고 판결했다.

나는 이번 일을 통해 미디어의 보도 대상이 되면서 한 가지 크게 느낀 점이 있다. 문제를 제기하는 기사일수록 취재를 정확하게 하고, 보도에 신중에 신중을 기해야 한다는 점이다. 명예훼손 등 피해를 보면 그 명예를 회복하기까지는 시간이 길게 걸려 현실적으로는 회복 불능의 상태에 이르는 부작용이 있기 때문이다. 위에서 언급한 개인사 보도 건도 법원이 현명을 판단을 해주긴 했지만 해당 보도가 나온 3월부터 9개월이 지난 12월에야 판결이 나왔다. 정말 기사 잘 써야 한다.

YTN에서 내가 정말 하고 싶었던 일은?

다시 돌아간 YTN에서 나의 각오는 한 가지였다. 재임 중 좋은 미디어 기업을 만들어 후배들에게 남겨주고 싶었다. 제일 먼저 계획한 것이 경영 전반의 혁신이었다. 콘텐츠혁신은 보도국의 후배들에게 맡기고 전략적 이슈가 있을 때만 의견을 밝히는 정도의 역할에 그칠 생각이었다. 경영혁신은 강도 높게 드라이브를 걸려고 했다. 10대 경영혁신 과제를 선정하고 이를 추진하기 위한 경영혁신위원회를 구성해 운영에 들어갔다. 4개월여의 재직 기간 동안 혁신의 방향은 잡았지만 중도 사임으로 미완의 꿈에 그쳐야 했다. 아쉬운 대목이다. 이제 내가 YTN의 혁신을 위해 무엇을 하고 싶었는지 그 이야기를 하고자 한다.

YTN은 세전 순이익 기준으로 2015년과 2016년에는 적자를 내다가 2017년에 45억 원의 흑자를 냈다. 매출은 1,310억 원이었다. 표완수 사장의 지휘를 받아 경영혁신을 실무적으로 진행하던 2007년이 떠올랐다. 그해 YTN은 매출 969억 원에 93억 원의 흑자를 냈다. 10년 사이에 매출은 3백억 원이 넘게 늘었지만, 수익은 오히려 절반 이상 줄어든 성적표였다. 나는 미디어 경영자로서의 경험과 열정을 다해 재임 기간 중 매출 1,500억 원, 순익 100억 원 대의 '튼튼한 YTN'을 만들겠다는 계획을 세웠다. 경영시스템을 잘 가동하면 달성 가능할 것이라는 자신감도 가졌다. 콘텐츠는 후배들이 키우고, 경영은 사장이 키우는 이인삼각(二人三脚)의 'New YTN' 청사진은 충분히 실현 가능한 것이었다. YTN에서 가장 급한 것은 '하나가 되는 One YTN'을 만드는 것이었다. 이를 위해 과거의 보도 및 인사 농단, 경영상 불법행위 등에 대한 책임을 규명하고 묻는 일이 중요하다고 봤다. 잘못된 과거를 바로잡는 것부터 회사를 다시 세우는 일이 시작돼야 하기 때문이다. 아울러 분열된 조직을 통합하기 위해 상처를 치유하는 화합 프로그램도 준비할 것을 실무진에게 지시했다.

YTN은 앞으로 통합이 중요한 과제가 될 것이다. 나를 불신임한 55.6%와 신임한 44.4%의 직원들이 서로 화합해야 한다. 과거의 잘못은 바로잡되 서로를 용납하고 용서하는 일이 같이 진행돼야 한다. 다음으로 경영의 짜임새, 즉 시스템을 잘 정비하는 게 긴요하다고 판단했다. 취임해서 보니 본사 내 조직간, 본사와 자회사간 쌍방향 커뮤니케이션 및 협업 체제가 잘 가동되지 않고 있었다.

조직끼리 평소 원활하게 소통하고 힘을 모으면 시너지 효과를 낼 수 있는데도 조직간 장벽이 쳐진 '사일로 효과' 탓에 적지 않은 부작용이 눈에 띄었다.

나는 이 문제를 해결하기 위해 세 가지 시스템을 마련, 운영에 들어가도록 했다. 첫째, 본사의 각 실국과 자회사들이 마케팅 협의체와 콘텐츠 제작 협의체를 만들어 정기적으로 회의를 해 정보를 공유하고 공동의 이슈와 상호 협력 방안을 마련해 시행하도록 했다. 외부 프로젝트 수주를 위한 입찰에 들어갈 때 본사 마케팅국과 DMB가 공동마케팅을 하는 것이 한 예가 될 수 있다. 본사와 자회사의 긴밀한 소통과 협조체제 구축도 중요했다. YTN은 라디오, DMB, 온라인과 모바일을 담당하는 YTN플러스 등 자회사와 사이언스, 라이프 등 계열 채널을 보유하고 있다. 소통하고 협업을 강화하는 게 필요했다. 예컨대 디지털 광고를 본사와 YTN플러스가 각각 유치하고 있었는데 서로 도와 비즈니스의 영역을 넓히고 경쟁력을 강화하는 방안을 논의해보도록 했다. 콘텐츠에 있어서도 YTN과 라디오, 온라인과 모바일은 강하게 맞물려 가는 모습을 갖추는 게 경쟁력을 높이는 길이라고 판단했다. 방송에서 다뤄지는 콘텐츠가 어떤 내용과 형식인지 실시간으로 정보를 공유하고 라디오와 디지털 콘텐츠에 이를 반영하는 유기적 시스템이 원활하게 운영되는 게 중요했다. 재임 기간 중 매일 아침 당일 콘텐츠 제작 계획을 논의하는 보도국 회의에 라디오와 YTN플러스에서 참여하도록 한 것은 이런 이유에서였다.

YTN에서 가장 시급한 과제 중의 하나는 디지털 전략의 강화였다. 콘텐츠 면에서는 그런대로 협력의 구조를 갖추고 가고 있었지만, 비즈니스 면에서는 디지털을 새로운 수익원으로 성장시켜 나가기 위한 본사 차원의 전략 수립이 있어야 한다고 봤다. 고민스러웠던 점은 디지털 전담 자회사인 YTN플러스의 경우 YTN과 네이버가 각각 50%의 지분을 가지고 있어 지배구조가 애매하다는 점이다. 네이버와 협의를 거쳐 YTN의 자회사로 만들든지 아니면 본사 내 조직으로 전환하든지 하는 변화를 줘야 디지털을 미래의 성장동력을 키워가는 전략의 실행이 가능할 것이라는 생각을 했다. YTN플러스를 포함해 자회사가 운영되는 틀도 변화를 주고 싶었다. YTN은 사장이 라디오와 DMB 사장을 겸직해왔고, YTN플러스 사장은 별도로 선임해왔다. 나는 플러스의 경우는 디지털 전략의 강력한 추진을 위해 일정 기간 YTN 사장이 겸직하는 게 필요하다고 생각했다. 대신 라디오와 DMB는 별도 사장을 선임해 책임 경영체제를 갖춘 다음 성과에 대해서는 보상하고 경영실패에 대해선 책임을 묻는 체제로 가는 게 바람직하다고 봤다. 본사의 임원이나 간부들에게 승진의 기회를 넓혀주는 효과도 있는 방안이다.

경영 전반을 들여다보면서 안타까웠던 점은 정규직에 비해 연봉직의 처우가 열악한 상태였고 비정규직 이슈도 미해결 과제로 남아있었다는 점이다. 안정적 경영 기반을 유지하면서 이 문제의 개선 방안을 마련하고 싶었다. 사실 본질적인 해결책은 회사가 매출도 키우고 이익을 많이 내는 경영의 경쟁력을 갖추면 되는 것이다. 나는 미디어 경영자로 활동해온 경험 덕분에 광고주 인맥이 강하고 언론이 할 수 있는 사업아이디어도 가지고 있는 편이어서 회사의 경영기반을 단단하게 다져갈 수 있을 것이라는 자신감도 있었다. 회사의 덩치를 키우면서 연봉직 처우 개선과 비정규직의 신분 전환 이슈도 전향적으로 해결해나가고 싶었다. 앞에서 얘기했듯이 콘텐츠만 잘 만들면 회사 경영은 해결된다는 얘기를 하는데 반은 맞고 반은 틀린 얘기이다. 콘텐츠 잘 만들고 시청률이 올라가면 매출은 늘어난다. 하지만 YTN 정도의 규모를 가진 회사는 당연히 미디어 경영시스템이 들어가야 회사를 더 키우고 단단한 경영기반을 갖출 수 있다. 디지털 전략 등 새로운 성장동력의 개발, 세심한 경영기획과 재무관리, 적극적인 마케팅 계획의 수립과 실행, 조직 간 협업 시스템의 가동, 사업 다각화, 통합의 기업문화, 불요불급한 비용 통제 등으로 '시스템 경영'을 해야 한다. 내 역할은 이런 계획을 펼쳐놓고 일부를 시행해보는 데까지였다. 나는 노사분규 와중에도 경영개선을 위해 최선을 다했다. 1분기 실적이 크게 개선되기도 했다. 잘해야겠다는 신념과 잘할 수 있다는 자신감이 있었는데 중도 하차하게 된 것은 마음 아프고 아쉽다. 하지만 거기까지가 나에게 주어진 운명의 길이었던 것이었나 보다.

4

다르게 보면 달라진다

공정하고 튼튼한 YTN을 만들겠다는 각오가
폭력과 오욕의 시간으로 돌아왔다.
내 삶에 잠시 멈춤, 하프타임의 시간이 찾아왔다.
이 책을 쓰는 순간도 그 시간이 준 선물이다.
나를 돌아보면서 좋은 기자와 경영자의 상은 무엇인지,
방송의 미래는 무엇인지도 함께 돌아보았다.
그리고 유튜브와 블로그, 브런치 등 뉴미디어에서
끊임없는 도전을 이어가고 있다.

YTN 그 후

YTN은 나에게 무엇이었는가? 개국 멤버로, 경영혁신의 깃발을 올렸던 실무 간부로, 그리고 사장으로 승선했던 YTN. 방송기자로, 그리로 경영인으로 활동한 내 삶의 큰 축을 이룬 일터였다. 성취를 줬고 좌절도 안겨줬다. 많은 후배와 동행한 시간도 있었지만 서로 대척점에 선 아픈 경험도 있다. 2017년 말 사장으로 취임했을 때 나는 언론인으로서의 마지막 일터라고 생각하고 사명감을 가지고 '공정하고 튼튼한 YTN'을 만들어 후배들에게 넘겨줘야겠다고 각오를 단단히 다졌다. 그들과 삶을, 세상을 보는 시각이 크게 다르지 않았건만 그들은 나를 '괴물'로 만들어 내 삶에 큰 생채기를 남겼다. 2018년 2월 2일 오후 사장실 앞에서 노조원들에게 4시간 넘게 감금된 상태에서 후배들에게서 들어야 했던 고성과 욕설, 조롱 등 집단린치와 언어폭력의 현장을 특히 잊을 수가 없다. '퇴진하지 않으면 나갈 수 없다'던 협박에 나는 굴복하지 않았다. 누구도 나를 도와주지 않았다. 나는 오롯이 혼자 버티며 그들이 길을 열어줄 때야 나갈 수 있었다. 모든 오욕의 시간은 사장실을 비워준 5월 4일 종료됐다. 실질적으로 제12대 YTN 사장으로서의 일은 이때 끝났다. 하지만 YTN과의 '형식적 인연'은 9월까지 이어졌다. 새 사장이 취임하기까지 과도기의 법적 절차에 협조하기 위해 등기상 대표이사직을 유지했다. 실제로는 4개월여, 형식적으론 9개월 정도를 YTN 사장으로 있었다. '상처뿐인 영광'도 아니고 상처만 깊게 파인 기간이었다.

나도 사람이기에 모든 게 원망스럽고, 힘들고, 충격적이었다. 자신의 참모습을 제대로 알릴 기회조차 얻지 못한 채 노조와 일부 매체들이 과장 왜곡한 '흉측한 모습의 나 아닌 나'를 속절없이 봐야만 하는 심정은 이루 말할 수가 없었다. 차라리 경영성과가 안 좋아 책임을 지는 형태로 회사를 떠나게 됐다면 납득할 수 있었을 것이다. 억울했지만 모든 상황은 '중도하차'로 막을 내렸다. 인정하고 싶지 않지만 인정해야 하는 현실. 그걸 받아들이기까지 적지 않은 시간이 걸렸다. 그러나 과거에도 그랬던 것처럼 고난은 사람을 주저앉혀 두지만은 않는다. '멈춰섬'으로 자신을 들여다보게 하고 단련시켜 성숙의 길을 걷게 한다. 물론 이번 일이 내 생의 가장 큰 고난이었다. 하지만 이 전에도 두세 차례 '어두운 터널'을 지나온 적이 있다. 그때 깨달았던 것은 그 터널에서 무너지면 아무런 열매도 맺을 수 없다는 것이다. 바닥에 있을 때 견뎌 나가다 보면 상황이 호전됐을 때 그게 다시 떠오르게 하는 '부력'이 됨을 체험했다. 내 저서 중 포토 에세이집인 '그래도 뚜벅뚜벅'은 제목이 시사하듯 그런 깨달음을 담은 책이다.

'영혼의 어두운 밤'은 나에게 고통만을 주는 것은 아니다. '멈춰섬' 속에서 지난 시간의 내 삶을 정리해보고 인생에서 정말 중요한 가치가 무엇인지를 보게 하는 기회가 되고 있다. 나에게 지금 가장 중요한 것은 하나님을 바라봄이다. 혹독하게 이어지는 상황에 온통 빠져 있다가 보니 어느 순간 '하늘'을 바라보는 시선을 놓쳤다는 반성을 하게 됐다. 어두운 길은 빛을 바라보는 그 시선을 다시 회복시켜줬다. '사막에서 별을 노래하다'라는 책의 제목처럼 사막을 걸으며 나는 하나님께로 나아가고 있다. 이 책에서 김운용 목사는 '고통 받는 자리에, 아프고 시린 자리에 함께하시는' 하나님의 모습을 보여주고, '하나님 안에서는 실패도 기회가 되고, 무너짐도, 고통도, 절망도 위대한 기회가 된다.'고 강조한다. 나는 이제 하나님에게 단단하게 닻을 내리고 가는 삶을 꿈꾼다.

쉬는 기간에 생각의 전환을 가져오게 한 책이 또 한 권 있다. 한 줄의 문장 또는 한 권의 책이 큰 영향을 주는 경우가 있다. 미국의 베스트셀러 작가인 밥 버포드가 쓴 '하프타임'이 그 주인공이다. 이 책에서 밥 버포드는 "전반전이 성공을 추구하는 시기였다면 후반전은 의미를 찾아 떠나는 시기"라며 인생의 승부는 전반전이 아니라 후반전에 결정된다고 말한다. 그는 전반전과 후반전이 엇갈리는 하프타임에 이르렀다면 시간을 가지고 의미를 찾으라고 조언하고 후반부를 훌륭하게 보내는 관건은 '마음의 변화, 세상을 바라보고 삶을 정돈하는 방식의 변화'라고 역설한다. 나는 이 책을 읽으며 시선이 넓게 트이는 것 같은 느낌을 받았다. 돌아보니 내 삶의 전반부는 성취를 향해 달려온 시간이었다. 그러다 예기치 못한 일로 멈춰 섰다. 하프타임을 맞이한 것이다. 제 자리에 서서 지나온 삶을 짚어보고 앞으로의 삶의 방향에 대해 생각해보는 기회를 얻게 됐다. 밥 버포드의 조언대로 인생의 후반부는 '의미'를 찾아가고 싶다. 앞으로 어떤 길이 열릴지 모르지만 '의미'를 판단기준으로 삼아 후반부의 내 삶을 가치 있게 꾸며가고 싶은 마음이다.

나는 이번 '멈춰섬'의 기간 중 관계의 가치가 얼마나 소중한지를 절감했다. 어느 날 갑자기 회사를 나갈 수 없게 된 상황에서의 '고립감'은 그 무게가 크게 다가왔다. 그 상황에서 내가 누구에게 먼저 연락을 할 수 있겠는가. 아내를 비롯해 가족들의 위로가 흔들리는 나를 바로 잡아주었다. 특히 아내가 같이 손잡고 걸어주지 않았다면 '어둠의 터널'에서 실족했을지도 모른다. 그동안 친분을 유지해온 지인들도 내 삶을 받쳐주는 지지대가 되었다. 회사를 그만둔 다음 날부터 많은 분이 먼저 연락을 줘서 식사 자리를 갖게 됐다. 그들은 위로와 격려의 말을 건네주었다. 집까지 찾아온 분도 있다. 이런 따뜻한 만남의 자리가 지금까지 이어지고 있다. '내가 인생을 잘못 산 것이 아니구나'하고 안도하게 됐다. 사람이 중요하다. 손을 내밀어 준 지인들에게 정말 감사드린다.

쉽지 않은 상황에서는 흥미로운 일을 찾아 그것을 배우는 데 몰입해보는 것도 강을 건너가는 방법의 하나다. 과거를 자꾸 돌아보게 되는 관성을 지워가는 데 효과가 있다. 나는 유튜브를 새로운 관심사로 정했다. 책을 몇 권 읽으며 특성을 파악하고, 시간을 들여 강의도 들으면서 영상 편집을 배웠다. 원고를 쓰고, 목소리를 녹음하고, 음성과 이미지를 편집하는 동영상 제작도 이제는 제법 숙련되게 해낼 수 있게 됐다. 유튜브 채널도 만들었다. 구독자가 얼마 되지 않고 취미 수준이지만 유튜브 크리에이터의 세계를 체험하게 됐다는 데 의미를 두고 있다. 나는 앞으로도 끊임없이 도전하고 의미 있는 길을 추구할 것이다. 요즘 말로 'YOLO'(You Only Live Once), 한 번뿐인 삶을 가치 있게 살아가는 방식이라고 믿는다. 나는 고난 앞에 주눅 들지 않을 것이다. 하늘을 바라보며 별을 찾아갈 것이다.

나는 기자다

인생에 늦은 때는 없다

직장 생활을 한 곳에서 오래 하는 게 좋을까 아니면 다양한 경험을 하는 게 좋을까. 정해진 답은 없다. 전통적으로 한국 사회에서는 한 직장에 오래 다니며 성장해가는 것을 긍정적으로 바라본다. 그런 면에서 나는 다르게 살아온 사람이다. 하는 일로 보면 대부분 기자였는데 일터는 중간 중간 바뀐 편이다. 미국 유학 시절 MBA를 수학하면서 구직 활동을 했을 때, 미국 기업인들의 내 경력에 대한 평가는 우리의 전통적 시각과는 달랐다. 다양한 직장에서 많은 경험을 한 데 대해 '인상적'이라며 좋은 평가를 했다. 내가 이직을 하게 된 동기는 호기심에서 우러나오는 새로운 일에 대한 도전의식이었다.

신문기자를 하다가 방송기자로 전직한 것은 영상으로 정보를 전달하는 방송을 배워보고 싶어서였다. YTN으로 옮길 때는 '한국의 CNN'을 만들자는 꿈 자체가 매력적이었다. SBS와 YTN에서 뉴스 PD를 하면서 방송 제작의 전반을 배운 것은 소중한 경험이었다. 방송의 흐름을 이해할 수 있어서 나중에 방송사 경영을 할 때도 전체를 조망하는 데 큰 도움이 됐다.

38살의 나이에 해외연수 길에 오른 다음 40살에 회사를 그만두고 학업을 계속하는 결정을 한 것은 큰 모험이었다. 42살에 학업을 마친 다음 새로운 일자리를 구해야 하는 것도 만만치 않은 일이었다. 하지만 일단 일을 저지른 다음 용기를 가지고 열심히 준비하면 그다음 일은 수습된다. 걱정하기보다 도전하는 게 의미 있는 이유이다.

실제로 나는 4년간의 유학 생활을 마친 후 삼성화재를 새 일터로 구했다. 38살 때의 유학 결정은 지금 생각해봐도 잘한 결정이었다. 공부를 할 수 있는 거의 마지막 기회였는데 그걸 잡은 것이다.

직장 생활만 하면서 충전할 기회를 얻지 못했는데 늦은 나이였지만 경제학과 경영학 대학원 과정을 통해 이론적 깊이를 갖게 된 것은 두고두고 많은 도움이 됐다. 특히 MBA 공부는 재무, 회계, 조직관리 등 실용적 지식에 눈뜰 수 있게 해줬다. 기업 경영의 기본 틀을 숙지하는 좋은 기회가 됐다. 재무제표를 해독할 수 있고, 재무적 분석이 가능하고, 경영기획을 할 수 있는 기본적 역량을 갖추게 됐다. YTN에서 경영기획실장으로서 경영혁신을 실무 지휘할 때도, MTN 대표이사로서 회사 경영을 할 때도, YTN 대표이사로서 경영혁신과제를 선정해 시행할 때도 MBA 과정에서 학습한 내용이 크게 유용했다. MBA 학위 취득 후 삼성화재에서 일하게 된 것은 색다른 경험이었다. 미디어밖에 모르던 나는 삼성이라는 대기업이 어떻게 전략을 짜고, 실행하며, 성과를 내는지를 옆에서 직접 지켜볼 수 있었다. 체계적인 경영시스템과 세밀한 관리, 철저함을 추구하는 업무 방식 등에서 전에는 배울 수 없었던 많은 것들을 습득할 수 있었다. 과거의 경험이 현재의 일에 도움이 되는 선순환은 계속 이어졌다. YTN 경영기획실장을 할 때는 언론 경험, MBA 유학 때 배운 경영지식, 대기업 경영시스템을 미디어 경영이라는 실무에 적용했고 그게 성과를 냈다. MTN에서 대표이사를 할 때는 그때까지의 모든 경험이 큰 자산이 됐다. 모든 것이 합력하여 선을 이루듯이 말이다. 신문, 방송, 해외 유학, 대기업 근무, 경영혁신의 실무적 주도, 경제방송의 개국, 방송사 경영 등 다양한 경험이 지금의 나를 있게 하고 앞으로의 '새로운 나'를 만들어 갈 자양분이라고 믿는다.

여기에서 다시 한 번 강조하고 싶은 것은 끊임없는 도전정신이다. 한 군데 안주하기에는 우리 삶이 짧다. 다양한 일을 한 동기를 묻는 질문에 이어령 교수는 이런 답을 했다. "일평생 살아가면서 어떻게 한 가지 일만 재미없게 합니까?" 다양한 일에 도전하는 것은 인생을 흥미롭게 만들어 준다. 나는 특히 늦은 나이에 새로운 일에 도전하는 모험을 했다. 30대 후반에 유학길에 오르고, 40대 후반에는 방송국을 만들겠다고 벌판으로 나갔다. 50대 후반인 지금은 영상 편집을 배워 유튜브에 참여해보고 있다. 앞으로 해보고 싶은 것은 사진작가가 되는 것이다. 5년 이상 사진을 찍으면서 사진이 주는 멋에 매료되었다. 사진이 시선의 예술임을 체득하면서 나만의 시선을 찾아가는 과정이 즐겁다. 언젠가는 전시회도 하면서 사진작가의 길을 걷고 싶다. 사진은 피사체를 그냥 찍는 기술적 과정이 아니다. 마음으로 찍는다는 말이 있듯이 상황이나 사물을 자신의 시각으로 해석해 예술화시키는 과정이다. 무엇을 어떻게 볼 것인지 시선을 훈련하는 과정이기도 하다. 한 장소에서 여러 명이 사진을 찍어도 각자 다른 사진이 나오는 이유이다. 나는 통상 출사 장소에 가면 이리저리 다니면서 위치마다 피사체를 보는 시선이 어떻게 바뀌지를 먼저 점검한다. 서서 보거나 앉거나 때론 누워서 각기 다른 시선을 탐색해보기도 한다. 차별적인 시선을 확보하기 위한 노력이다. 사진을 통해 시선의 깊이를 배우고 있다.

인생에 늦은 때는 없다. 더구나 '호모 헌드레드'라는 100세 시대, 고령화 시대에 우리는 살고 있다. 나이는 숫자에 불과하다. 실제로 '인생에 너무 늦은 때란 없습니다'라는 책이 있다. 모지스 할머니의 얘기를 다룬 책이다. 이 할머니는 76세부터 그림을 그리기 시작해 93세에 타임지의 표지를 장식하는 유명 화가가 되고, 100번째 생일은 '모지스 할머니의 날'로 지정되기도 했다. 이뿐만이 아니다. 돈키호테의 저자 세르반테스는 50대 초반에 말단 공무원 자리에서 해고를 당한 뒤 작은 실수로 옥에 갇히는 신세가 된다. 하지만 그는 좌절하지 않고 감옥에서 창작욕을 불태워 걸작 돈키

호테를 펴낸다. '경영의 신'으로 불리는 일본의 이나모리 가즈오 교세라 명예회장은 '인생의 결과 = 사고방식 × 열의 × 능력'이라는 방정식을 제시한다. 아무리 열의와 능력이 있더라도 사고방식이 부정적이면 마이너스의 결과를 가져오고, 긍정적이면 플러스의 성과를 얻을 수 있다고 강조한다. 나이를 의식하지 말고 긍정적 사고방식으로 끊임없이 도전하자. 그게 삶의 멋과 맛 아니겠는가.

나는 기자다

미디어 경영의 ABC

미디어 경영은 무엇일까? 기업 경영과 같은 점은 무엇이고 다른 점은 무엇일까? 미디어는 콘텐츠만 잘 만들면 경영은 저절로 되는 것일까? 아니면 미디어다운 경영시스템이 필요한 것일까? 혹자는 콘텐츠만 잘 만들면 미디어 경영이 된다고 쉽게 생각한다. 제작비를 많이 들여 콘텐츠를 잘 만들면 시청률이 올라가고 경영은 저절로 잘 된다는 것이다. 단도직입적으로 말해 틀렸다. 콘텐츠 제작과 경영 전반, 둘 다 경영시스템이 가동돼야 한다. 먼저 콘텐츠 제작의 경우 제작비를 많이 투입하면 좋은 시청률이 나오고 광고매출도 증가하는 것은 맞다. 김대호, 김은미, 류춘렬의 연구결과(2001)[3]를 보면, 시청률과 광고매출은 유의미한 상관관계를 보이는 것으로 나타났다. 즉, 시청률이 높을수록 광고매출도 늘어난다는 말이다. 하지만 딱 여기까지이다. 시청률과 이익은 전혀 상관관계를 보이지 않는다. 시청률이 높다고 해도 이익이 보장되지 않는다는 얘기다. 예컨대 제작비를 과도하게 투입하면 시청률이 높아지겠지만 그만큼 매출이 느는 것은 아니어서 수지에 부정적 영향이 나타날 수도 있다. 여기에서 경영의 필요성이 제기된다. 비용을 적절한 수준으로 관리하면서 시청률을 극대화하는 전략이 긴요해지는 것이다. 그래야 시청률 상승이 이익 증가로 이어질 수 있다.

콘텐츠가 미디어의 한 축이라면 다른 축은 경영 그 자체이다. 경영은 지금 얘기한 비용 관리보다는 훨씬 더 광범위한 영역을 포괄한다. 미래를 내다보는 비전과 전략 수립 그리고 세밀한 실행, 상시적 혁신체제 구축, 매출 확대 및 사업 다각화, 조직간 협업구조 마련, 재무 건전성 확보, 인력 육성, 구성원들이 공감하는 인사 제도 운영 및 좋은 기업문화 조성 등 다양한 측면에서 회사의 성장성과 수익성, 안정성, 건전성을 확보하는 노력이 필요하다. 이런 점에서 미디어 기업을 이끄는 리더들은 콘텐츠의 흐름을 꿰뚫어 보는 혜안은 물론 미디어 외부의 환경 변화를 주시하며 전략적인 대응을 하고 이를 매출, 인사, 재무 등 내부 경영시스템의 틀에 반영시켜나가는 실행 능력을 갖춰야 한다. 재무제표의 분석을 통해 수치 경영을 해야 하는 것은 기본 중의 기본이다.

---

3) 김대호, 김은미, 류춘렬(2001), "케이블 채널 사업의 시장성과에 관한 검토–편성요소, 수입, 시청률간의 상관관계", 한국언론학보 45(3)

나는 YTN과 MTN 대표이사 시절 매달 나오는 월 결산 수치들을 보면서 앞으로의 전략을 수립하고 발 빠르게 대응하려고 노력했다. 매출에 문제가 생기면 바로 대책을 세우고 앞장서서 현장을 다니며 문제를 해결하려 했다. 비용에 이상 신호가 나타나면 즉시 관리 방안을 수립해 시행하고 도덕적 해이가 발생한 부분이 없는지를 진단해 문제 해결에 나서기도 했다. YTN 경영기획실장 시절에 실무적으로 추진한 경영혁신은 미디어 경영이 얼마나 중요한지를 잘 보여주고 있다. 개국 이래 매출만 일어났지 돈이 제대로 들어오는지를 챙기는 매출 관리 시스템이 없었던 상황을 혁신해 '수금' 관리 시스템을 도입한 것이 대표적 예이다. 이후 도덕적 해이가 사라졌을 뿐만 아니라 자금 유입이 늘어나 회사는 여유 자금을 운용하는 데까지 관심을 두게 됐다. 콘텐츠도 마찬가지라고 생각한다. 단일 프로그램별 제작이나 구성은 제작진이 재량권을 가지고 해야 할 일이지만 전체 콘텐츠의 흐름에 전략적 개선 포인트가 나타날 경우 변화를 주는 일에도 관심을 둬야 한다.

미디어 경영에 있어서 또 한 가지 유념해야 할 부분은 '따로 또 같이'의 독특한 문화를 만들어 가야 한다는 점이다. 기자, PD 등 미디어 구성원들은 다른 사람이 개입하지 않는 업무의 독립성을 원하고, 신념과 개성이 강하다. 미디어는 일사불란하게 움직이기는 보다는 다양성, 자율성, 재량권을 존중하는 '따로따로'의 문화적 특성이 있다. 그러면서도 조직의 통일성과 일체감을 조성하는 '같이'의 문화를 만들어야 하는 게 리더에게 주어진 숙제이다. 기업문화와 가장 대표적으로 다른 점일 것이다. 직원도 얼마든지 당당하게 자기 의견을 상사에게 얘기할 수 있고, 상사는 일방적인 지시를 내리기보다 직원의 공감을 얻어 일을 추진하는 '쌍방향의 소통구조'가 미디어 기업 문화가 갖는 생명력이다.

미디어는 산업구조 상 독특한 특성이 있다. 통상 기업들은 단일한 고객층을 상대로 상품을 판매한다. 예컨대 스마트폰 제조기업들은 스마트폰 사용 수요가 있는 고객들을 최대한 많이 확보하기 위해 경쟁을 한다. 이에 비해 미디어는 고객층이 둘이다. 이를 '양면 시장'이라고 한다. 한쪽의 미디어 고객은 시청자나 구독자이다. 다른 쪽에서는 광고주들이 미디어의 고객이다. 시청자나 구독자가 많을수록 그 미디어의 가치가 높아져 광고를 많이 수주할 수 있는 산업 구조를 가지고 있다. 양면 시장이라는 독특한 틀 속에 있는 미디어는 콘텐츠와 경영이 충돌하기도 하지만 조화를 이루면서 운영되고 있고 이점이 기업과 다른 점이다.

미디어 경영자들에게 가장 고민스러운 점은 콘텐츠 소비행태의 근본적인 변화 추세이다. 주지하다시피 신문의 비중은 빠르게 낮아지고 있고, 지상파도 퇴조하고 있다. 언론진흥재단의 '2018 언론수용자 의식조사' 결과를 보면 신문의 경우 한 주간 동안 종이신문 이용 여부를 나타내는 열독률은 지난 1996년의 85.2%에서 2017년에는 17.7%로 급락했다. 하루 평균 종이신문 이용시간도 1996년의 43.5분에서 2017년에는 5.7분으로 크게 줄어들었다.[4)]

---

4) 정재민, "'종이신문 시대가 끝난다는 마음'으로 혁신해야", 신문과 방송 2019년 1월호

하루에 채 10분도 신문을 보지 않는 것이다. 지상파의 부진도 뚜렷하다. 방송광고진흥공사의 방송통신광고비 조사 결과를 보면 지난 2017년 지상파TV 광고비는 11.1%나 줄어들었다. 모바일 광고가 44.6%, 온라인 광고가 14.9%, IPTV가 17.4% 늘어난 것과 대조적이다.[5] 이런 상황이다 보니 상당수 미디어가 줄어드는 광고를 보전하기 위해 협찬 비중을 높이고 있는 게 현실이다. 협찬은 광고효과보다는 미디어와의 '관계 관리' 측면에서 이뤄지고 있다. 지속 가능한 성장동력이 되기는 어려운 게 사실이다. 새로운 성장동력과 수익원을 개발하는 게 국내 미디어에 숙제로 주어져 있다.

해외 사례를 보면 뉴욕 타임스, 월스트리트저널, 파이낸셜 타임스 등 주요 매체들은 온라인과 모바일 콘텐츠 유료화에 나서 일정 부분 성과를 거두고 있다. 반면 우리나라는 포털에 무료 콘텐츠가 넘쳐 유료화의 성공 가능성은 크지 않다. 실제로 일부 미디어가 이를 시도했지만 결과는 별로 좋지 않았다.

미국 경제 잡지인 포브스의 사업 다각화 성공 사례는 좋은 시사점은 던져주고 있다. 지난해 포브스는 매출이 18%, 순익이 42%가 증가해 10년 만의 최고의 경영성과를 냈다. 잡지인 포브스의 경영 호전은 미디어가 전반적으로 퇴조하는 가운데 가시화된 것이라는 점에서 인상적이다. 특히 호실적이 사업 다각화의 결과로 얻어진 것이라는 점에서 의미 있는 성공 사례가 되고 있다. 2014년

5) 과학기술정보통신부 · 한국방송광고진흥공사(2018), "2018 방송통신광고비 조사보고서"

포브스의 매출 구성을 보면 디지털 광고 38%, 구독료 22%, 인쇄물 광고 21%, 행사수입 10%, 라이센싱(해외 판권으로 얻은 수익) 8%였다. 이에 비해 지난해에는 디지털 광고가 49%로 많이 늘어나고 행사 등 수입이 23%, 라이센싱이 10%로 각각 증가했다. 반면 잡지구독료는 11%, 인쇄물 광고는 7%로 각각 줄어들었다. 특히 포브스는 행사수입을 새로운 성장동력원으로 활용하고 있다. 포브스는 지난해에 Women Summit 같은 글로벌 행사를 60개나 개최했는데 행사 마진이 40~70%에 이르는 등 수익성이 높은 것으로 알려졌다.[6] 사업 다각화와 비광고 수입을 늘리기 위해 노력해 온 결과라는 분석이다. 돌파구는 여기에 있다. 이를 해내는 미디어와 그렇지 못한 미디어는 결국 부침이 엇갈릴 것으로 보인다.

6) Sahil Patel(2018.12.21.), "Amid media doom and gloom, Forbes says revenue was up and profits highest in a decade", DIGIDAY UK

나는
기자다

어떤 기자가 좋은 기자인가?

기자, 영어로 저널리스트(journalist)이다. 매일 쓰는 일기인 저널(journal)이란 단어에 사람을 뜻하는 접미사 'ist'를 붙인 것이다. 매일 일기를 쓰듯 정보를 전하는 것을 전문으로 하는 직업인이다. 기자가 작성하는 기사로는 정책 발표 같은 단순 정보는 물론 정보를 해석, 분석한 가공 정보, 현장을 발로 누비며 취재한 르포, 문제를 파고들어 심층 보도하는 고발성 콘텐츠 등이 있다. 기자는 말 그대로 미디어, 즉 매개체 역할을 하는 사람이다. 뉴스가 생성되는 현장과 그곳의 취재원, 그리고 뉴스 소비자 사이에서 기자는 '정보 유통의 중간단계' 역할을 한다. 과거에는 '기자→뉴스 소비자'로 가는 관계가 일방적이라고 보는 관점이 있었다. '탄환 이론(Bullet Theory)'이라는 시각으로 탄환이 발사되듯 미디어가 전하는 메시지는 그 수용자인 대중에게 즉각적이고 획일적이고 강력한 영향을 미친다는 것이었다. 인터넷이 생기기 전에 소수의 미디어만이 존재했던 시절에는 탄환 이론이 설득력을 가졌다고 할 수 있다. 정보의 양이 제한된 상태에서 소수의 미디어가 유통하는 메시지가 정보의 대부분이었으니 그 영향력은 매우 강력했다. 기자 등 미디어 종사자는 공급자 사고만 가지면 됐다. '정보는 내가 알아서 만들테니 그냥 소비만 해주면 된다'는 식이었다. 하지만 온라인과 모바일의 확산으로 미디어 자체가 급증하고 이에 따라 정보의 양이 폭발적으로 늘어나면서 뉴스 소비자들은 미디어가 제공한 정보를 피동적으로 받아들이기만 하지는 않게 됐다. 스스로의 경험과 판단에 따라 수신된 정보를 다르게 해석할 수 있게 됐다.

미디어의 메시지를 이런 틀로 보는 것을 '수용모델'이라고 한다. 수용모델은 미디어의 영향력이 부분적으로 환상일 수 있으며 수용자가 마지막 단계에서 어떻게 해석하느냐가 더 중요하다는 점을 일깨워주고 있다.[7] 실제로 뉴스 소비자들은 이제는 SNS에서 친구들과 뉴스를 비판하거나 해석하며 좋은 뉴스와 나쁜 뉴스를 선별하고 있다. 광범위하게 지식인층이 형성되면서 미디어가 전하는 메시지를 비판적으로 소화하는 소비층이 늘어나고 있다. 이제 미디어는 공급자 중심의 사고를 버리고, 소위 '고객' 중심의 사고를 하면서 뉴스 소비자들이 원하는 정보를 제공하고, 그들과 쌍방향으로 소통

7) 데니스 맥퀘일(2013). 양승찬 · 이강형 공역. 매스커뮤니케이션이론. 나남

하는 게 중요해졌다. 실시간 검색어 순위의 상위권에 오른 주제를 중심으로 뉴스를 생산해내는 버즈피드 같은 미디어가 나온 것도 이 같은 '수용모델'의 큰 맥락 속에서 나타난 현상이라고 할 수 있다.

이런 환경 속에서 좋은 기자를 우리는 어떻게 정의할 수 있을까? 물론 전통적 개념대로 사실 위주의 공정 보도를 하고, '정론'을 펴는 기사를 작성하며, 심층적인 분석 기사도 제공할 수 있는 기자가 좋은 기자일 것이다. 하지만 공급자 중심의 사고에 빠져있다면 곤란할 것이다. 뉴스 수용자의 관점에서 현장을 바라보고, 수용자와 쌍방향 소통을 하면서 뉴스를 생산해내는 자세가 중요하다. 그런데 좋은 기자는 누가 알아볼까? 물론 시청자나 독자가 제일 먼저 인지할 것이라고 본다. 충실하게 취재를 해서 예리하게 문제를 던졌다거나 몰랐던 내용이나 시선을 알게 해줬다거나 하는 평가를 할 것이다.

뉴스 소비자만 기자를 평가할 수 있을까? 내 경험에 의하면 두 부류가 더 있다고 본다. 하나의 그룹은 경쟁사 기자들이다. 경쟁하지만 누가 더 열심히 취재하고, 좋은 관점에서 기사를 잘 쓰는지 정확하게 판단할 수 있는 위치에 있는 사람들이다. 내가 현장 기자를 할 때도 그랬다. '저 기자면 인정한다'고 판단하는 경쟁사 기자들을 발견할 때가 있다. 같이 경쟁하며 서로 성장하기 좋은 상대이다. 다른 하나의 그룹은 바로 취재 대상이 되는 기관 또는 취재원들이다. 그들은 기자가 취재하는 해당 사안에 대해 전문성이 있기에 기사가 정확하고, 깊이 있게 다뤄졌는지를 한눈에 판단할 수 있다.

내가 경제기획원을 출입하던 시절 한 고위 관료는 티 타임을 하기 위해 들르면 조간신문들을 펼치고 출입 기자가 쓴 기사들을 평가하곤 했다. 물론 나도 그 예외가 아니었다. 잘못된 기사에 대해서는 말을 돌리지 않고 조언을 해줬다. 취재원 입장에서 볼 때 '아프지만 수긍할 수밖에 없는' 기사는 좋은 기사이고, 이를 쓴 기자는 좋은 기자이다. 기자는 이렇게 시청자나 독자, 경쟁사 기자, 출입하는 기관 또는 취재원에게 늘 평가를 받는다. 그래서 늘 겸손해야 한다. 기사를 좀 쓸 줄 알고, 내가 제기한 문제에 대해 제법 반향이 있게 되면 어깨에 힘이 들어가고 자칫 교만해질 수 있다. 그러나 이는 시선을 가리는 눈가리개가 된다. 기자는 자신이 맡은 분야의 어떤 주제든 취재할 수 있다. 자신을 낮추면 얼마든지 전문가들을 만나고, 좋은 자료를 구해 공부할 수 있고, 고급정보도 얻을 수 있다.

특종과 낙종도 마찬가지이다. 겸손한 마음으로 열심히 뛰다 보면 예기치 않게 특종을 하는 경우도 생긴다. '특종은 발에 걸린다'는 말이 그 의미이다. 내가 특종을 한 경우도 대개는 발로 바쁘게 움직이다가 보도를 하게 됐다. 심야에 고위 공직자의 집 앞에서 기다리거나 새벽 일찍 집 앞으로 찾아가거나 하는 식으로 발품을 팔다 보면 좋은 보도를 할 수 있게 된다. 거꾸로 좀 안다고 게을러지는 순간은 낙종으로 가는 지름길이다. 나는 한국은행과 금융권을 3년 반이나 출입했다. 가장 많은 특종이 나왔던 기간은 내용을 잘 모르기 때문에 여기저기를 열심히 찾아다녔던 첫 1년이었다. 낙종이 종종 나왔던 때는 출입 후반부였다. 통화정책이나 금융이 눈에 들어온다고 책상에 앉아 취재하다 보니 현장을 놓치는 때가 있었다. 특종은 '부지런한 발'에서, 낙종은 '게으른 발'에서 나온다. 기자는 또 호기심이 많고 사소한 것도 지나치지 않는 민감함을 가지는 게 좋다. 작은 것이 단서가 되어 큰 문제 제기로 이어지는 경우들도 있기 때문이다. 내가 대기업 총수들이 회사에서 낮은 금리로 돈을 빌려 가는 관행에 문제를 제기할 수 있었던 것은 국세청 보도자료의 구석에 있었던 한 문장이 단서가 됐다. 그걸 실마리로 해서 깊게 취재해 들어가니 전모가 보였다.

기사와 관련, 강조하고 싶은 것은 기사 정말 잘 써야 한다는 점이다. 폭넓은 취재와 깊이 이전에 일단 정확해야 한다. 오보를 최대한 피해야 한다. 특히 비판기사일수록 그렇다. 정확한 사실 확인 없이 부분적인 판단만 하고 썼는데 그게 오보이면 그 기사의 대상자는 말로 표현할 수 없는 큰 피해를 본다. 나중에 오보를 인정하고 2면 하단 구석에 아주 작게 정정 기사를 내거나 오랜 기간 법적 다툼을 통해 명예훼손 등의 결론이 나더라도 이미 발생한 피해는 회복되지 않는다. 미디어 신뢰도가 떨어진 것도 부정확한 보도가 많아서 아니겠는가. 구글은 온라인 '구글 묘지'를 운영하고 있다. 누구나 자신의 실패를 감추고 싶은 게 인지상정일 텐데 구글은 구글플러스, 구글토크 등 그동안 실패한 서비스를 간략한 설명과 함께 '구글 묘지' 홈페이지에 게시해 놓고 있다. 실패를 통해 교훈을 얻으려고 하는 용기 있는 시도이다. 미디어들도 오보에 대한 경각심을 높이기 위해 '오보 묘지'를 만들어보면 어떨까. 오보들을 모아두고 잘못된 보도를 바로잡은 내용을 눈에 잘 보이게 게재해놓으면 어떨까. 오보의 폐해가 커서 하는 말이다. 거듭 강조하지만 기사 정말 잘 써야 한다.

끝으로 던져보고 싶은 이슈는 기자는 전문가인가 하는 질문이다. '미디어 전문직주의'는 이론적으로 찬반논란이 많은 주제이다. 적어도 사실성과 태도의 중립성을 골자로 하는 고도의 객관성을 가지고 정보를 전달하는 실천적 기법 면에서는 전문가라는 주장도 있다. 기자들은 다른 부분에 대해서는 강력한 기준을 적용하면서도 자신들의 보도로 인해 의도치 않게 발생한 결과들에 대해서는 도덕적 책임을 지지 않기 때문에 전문가가 아니라는 주장도 있다.[8] 이 문제를 제기하는 것은 기자가 전문성을 갖춰야 한다는 점을 강조하기 위해서이다. 요즘 가장 많이 읽히는 기사는 속보 같은 짧은 기사나 길이가 긴 심층 해설 기사이다. 어정쩡한 길이로 수박 겉핥기식으로 문제를 훑는 기사는 잘 읽히지 않는다. 짧은 기사는 누구나 쓸 수 있고 차별화가 되지 않는다. 반면 긴 심층 기사는 기자가 전문적일수록, 취재의 양이 많고 깊이가 깊을수록, 글을 잘 쓸수록 독자의 선택을 받고 SNS에서 공유된다. 더구나 갈수록 사회가 전문화되고 있어 기자가 전문화하는 것은 반드시 해야 할 필요충분조건이다. 전문 기자를 양성하기 위해서는 회사 그

8) 데니스 맥퀘일(2013), 양승찬 · 이강형 공역, 매스커뮤니케이션이론, 나남

리고 기자 본인이 해야 할 일이 각각 있다. 미디어 기업은 '범용성'이 있는 제너럴리스트를 키우는 종래의 기자 육성방식을 지양하고 정치, 경제, 문화 등 특정 분야를 오래 다뤄 전문성을 갖춘 기자를 키워내야 한다. 기자 스스로는 국내 교육, 해외 연수 등 기회를 활용해 자신의 전문성을 높이고 끊임없이 학습함으로써 자신만의 차별적인 전문분야를 만들어 가야 한다. 멀지 않아 속보 등 짧은 기사는 로봇이 처리하는 시대가 본격화될 것이다. 지금도 검색을 하거나 스포츠 신문에 나온 운동선수를 인식하는 것 같은 단순한 일에 로봇이 투입되고 있다. NHK 11시 뉴스에서는 로봇이 앵커로 투입되기도 했다.[9] 기자도 기계와 경쟁해야 하는 시대가 오고 있다. 전문성 있는 심층 기사를 작성하는 능력을 키우는 것만이 차별적인 경쟁력을 확보하는 길일 것이다.

9) Tom George(2018.12.12.), "Newsroom must learn how to use AI:"Trust in journalism is at stake", journalism.co.uk

나는 기자다

활자와 말의 너무나 다른 세계

신문은 활자 미디어이다. 방송은 영상 미디어이다. 활자와 영상의 차이만큼 신문과 방송은 다르다. 공교롭게 두 세계를 다 경험해봤다. 신문과 방송은 취재방식, 제작, 조직운영, 문화 등 모든 면에서 다르게 움직인다.

취재와 제작 방식의 차이를 보자. 신문기자의 취재는 대부분 깊게 들어간다. 주요 기사를 쓰게 될 때는 해설 기사를 같이 작성하는 경우가 적지 않기 때문에 팩트 확인에서부터 통계 등 근거, 이에 대한 해석과 논란 등 다양한 면을 취재하게 된다. 호흡이 긴 글을 쓰게 되는 것이다. 이런 식으로 오랜 시간 훈련이 되다 보면 신문기자는 나름대로 전문적인 식견을 갖추게 된다. 신문은 취재 기자의 역할이 절대적이다. 기사를 넘기고 나면 데스킹, 교정, 편집 등을 과정을 거친다. 취재는 특별취재반이 구성되는 경우가 아니면 대부분 '단독 플레이'이다. 신문사는 그래서 조직이 기자 중심으로 운영된다. 이에 비해 방송은 보도형식이 2분 이내의 리포트 이어서 취재가 신문만큼은 깊지 못하다. 이건 능력의 문제가 아니고 두 매체의 차이에서 오는 것이다. 방송 기사는 신문보다 기사가 쉽고 축약적이어야 한다. 신문은 기사를 읽다가 이해가 안 되면 다시 읽으면 되지만 방송은 어렵게 이야기하면 시청자가 내용을 이해하지 못한 채 지나가 버리기 때문이다. 기사도 취재한 내용 중 핵심만을 잘 간추려 써야 한다. 취재와 글이 반이라면 나머지 반은 기사를 표현할 영상을 기획하는 일이다. 현장 영상과 인터뷰는 섭외한 다음 카메라 기자와 같이 움직이게 된다. 리포트 안에 들어가는 그래픽도 본인이 구상해 그래픽 부서에 의뢰해야 한다. 통계나 상황을 비주얼화하는 감각이 여기에서 필요하다. 데스킹이 끝나면 원고를 가지고 부스에 들어가서 녹음을 하고, 이후 녹음된 목소리와 영상을 같이 묶는 편집 작업이 진행됨으로써 하나의 방송 리포트가 만들어진다.

지금까지의 설명에서 나타났지만 방송은 기자 혼자만으로는 일이 진행될 수 없으며 카메라 기자, 그래픽 스태프, 편집 요원 등 여러 명이 함께 하는 협업작업이 중요하다. 기자에게는 자기 일을 도와줄 직원들과 좋은 관계를 유지하는 리더십이 필요하다. 방송에서는 기자도 중요하지만 이런 협업의 구조 때문에 비기자 직군도 중요한 역할을 한다. 신문과 크게 다른 점이다.

두 매체가 이같이 다르지만 요즘은 융합되는 추세를 보이고 있다. 신문이 방송의 형식을 차용하고, 방송이 신문처럼 길이가 긴 기사를 홈페이지에 게재하는 사례들이 늘어나고 있다. 신문은 동영상이 대세가 되면서 이를 외면할 수 없게 됐다. 뉴욕 타임스의 '스노우폴(Snowfall)'이 대표적인 사례이다. 글과 사진, 그리고 동영상을 융합한 심층 기사를 제작하고 있다. 국내 신문들도 텍스트 기사와 동영상을 한 데 묶어 출고하거나 아예 동영상 사이트를 별도로 운영하고, 더 나아가 유튜브 채널을 운영하는 사례가 늘어나고 있다. 종합편성채널과 같이 신문사가 방송에 직접 진출한 경우들은 말할 나위도 없다. 신방겸영이 큰 흐름으로 이미 자리를 잡았다. 방송은 영상만으론 구현하는 데 한계가 있는 심층성을 보완하기 위해 기자들이 홈페이지에 취재 후기나 심층 취재기 같은 글을 올리도록 하고 있다. 내가 머니투데이방송 보도본부장과 대표이사를 할 때도 기자들이 온라인에 호흡이 긴 글을 쓰도록 독려했다. 깊게 취재한 다음 핵심은 방송으로 전하고, 전체 내용은 글로 전하자는 것이었다. 이제 신문기자는 글, 방송기자는 영상으로 분화된 시대는 끝났다. 글도 쓰고 방송도 해야 하는 신문과 방송의 융합이 더 확산할 것이다. '멀티 태스킹' 역량을 보유해야 하는 건 기자도 예외가 아닌 세상이다.

나는 기자다

유튜브에서 무슨 일이?

지난 2008년 캐나다의 가수 데이비드 캐롤은 캐나다에서 미국의 네브래스카주로 유나이티드 에어라인을 타고 이동 중이었다. 시카고에서 그는 비행기를 갈아탔다. 항공사 직원들이 기타를 집어 던지며 옮겨 싣고 있다는 얘기를 한 승객에게서 들었다. 아니나 다를까 목적지인 네브래스카주의 에플리 에어필드 공항에 도착해보니 그의 3천 5백 달러짜리 기타가 부서져 있었다. 그는 유나이티드 에어라인에 항의했다. 반응이 가관이었다. 24시간 이내에 신고해야 하는데 시한이 지나 보상을 해줄 수 없다는 어처구니없는 답을 들었다. 캐롤은 화가 났다. 재치있는 아이디어를 생각해냈다. 2009년 7월 그의 밴드 '선즈 오브 맥스웰'과 함께 '유나이티드 에어라인이 기타를 망가뜨렸다(United Breaks Guitars)'라는 제목의 노래를 작사 작곡해 동영상을 제작한 다음 유튜브에 올렸다. 하루에만 15만 명이 봤다. 2019년 초 현재 이 영상의 조회 수는 1,857만이다. 유나이티드 에어라인은 캐롤에게 공식 사과하고 보상을 하지 않을 수 없었다. 이 사례는 무엇을 의미하는가. 가수 캐롤이 유튜브라는 플랫폼을 활용해 1인 미디어 역할을 한 것이다. 유튜브는 캐롤이 전하고 싶어 한 메시지를 일반 대중에게 유통한 아주 효과적인 채널이 된 것이다.

11년 전 캐롤의 '기타 사건'은 1인 미디어로서 유튜브의 잠재력을 잘 보여줬다. 유튜브는 지금 모든 사람이 참여할 수 있는 미디어로서 폭발적인 성장세를 보이고 있다. 누구나 채널을 열고 생방송을 하거나 제작한 동영상을 올리면 유튜브 크리에이터, 즉 1인 미디어가 될 수 있는 시대가 열렸다. 자신만의 채널을 만드는 데는 아무런 진입장벽이 없다. 유튜브는 슬로건대로 '당신 자신을 방송하라(Broadcast Yourself)'가 그대로 적용된 플랫폼이다. 수치로만 봐도 매일 10억 시간에 달하는 동영상이 재생되고 있고, 1분마다 400시간이 넘는 신규 동영상이 업로드되고 있다. 매월 사용자는 19억 명에 이르며, 현재 91개 나라에서 80개 언어로 제공되고 있다. "외계인이 지구에 대해 알고 싶어 한다면 구글을 보여줄 것이다. 그러나 우리 인간에 대해 알고 싶어 한다면 유튜브를 보여줄 것이다."는 케빈 알로카 유튜브 문화 및 트렌드 매니저의 말은

'유튜브 세계'를 축약적으로 잘 표현해주고 있다.[10] 유튜브는 사람들의 삶을 볼 수 있는 창이 되고 있다. 크리에이터들은 유튜브에서 자신만의 특색이 있는 콘텐츠를 방송하고 있다. 엔터테인먼트나 '~하는 법'을 가르쳐주는 범용성 있는 콘텐츠도 있을 뿐만 아니라 공예, 퀼트, 메이크업, 요리, 애완동물 기르기 같은 틈새 콘텐츠도 인기를 끌고 있다. 미국에서는 바이스 뉴스(Vice News), 더 영 턱스(The Young Turks) 등 보도 채널도 개설돼있을 정도이다. 콘텐츠가 전문화, 세분화되고 있다. 우리나라도 유튜브 열풍은 예외가 아니다. 크리에이터들의 성공 사례들이 이어지면서 유튜브 채널 개설이 크게 늘어나고 있다. 일반인뿐만 아니라 여야 정치권도 이 대열에 참여하고 있다. 각 정당이 공식 채널을 개설해 공방전을 벌이는가 하면 개별 정치인들도 유튜브를 활용하고 있다. 언론사들도 속속 자사 채널을 열고 있다. 이젠 검색도 포털이 아니라 유튜브에서 자주 이뤄지고 있다.

유튜브를 이해하고 싶어 필자도 채널을 개설했다. 주로 경제 콘텐츠를 가끔 제작해 올리고 있다. 하면서 느낀 점은 유튜브가 형식적으론 진입장벽이 없지만, 콘텐츠가 대중의 시선을 받기는 쉽지 않은 일임을 느끼게 됐다. 사실 기존의 유명 크리에이터들은 이미 아프리카TV나 블로그 등에서 오랜 기간 활동하면서 유튜브로 옮겨온 경우가 적지 않다. 처음부터 새로 유튜브를 시작

10) 케빈 알로카(2018), 엄성수 옮김, "유튜브 컬처", 스타리치북스

해 성공을 거둔 사례는 손에 꼽을 만한 정도이다. 지금은 워낙 많은 콘텐츠가 올라오고 있어 자신만의 차별적인 콘텐츠를 제작하려면 큰 노력이 필요할 것 같다. 더구나 영상 촬영과 편집까지 자신 스스로 해내려면 피로도가 높은 작업이 기다리고 있다. 4~5분짜리 영상 하나를 제작하려면 우선 콘텐츠를 기획하고 원고를 작성하는 데 제법 시간이 걸린다. 다음에는 편집이라는 힘든 일이 기다리고 있다. 편집은 일단 편집 소프트웨어를 다루는 법을 배워야 한다. 나는 '비디오스크라이브'라는 소프트웨어를 쓰고 있다. 실제 편집에 들어가면 필요한 사진을 찾고 자막들을 준비한 다음 녹음된 내용에 맞춰 이미지를 편집하는 일을 해야 한다. 5분 남짓한 영상을 제작하는 데 6시간 정도가 걸린다. 혼자 이 과정을 다 마치려면 사실 좀 힘들다. 생방송을 해도 되지만 초보자들은 제작된 영상을 올리는 것부터 시작해 유튜브에 적응해나가는 게 바람직하다는 조언이 많다. 상황이 이렇다 보니 사람들이 많이 보는 채널들은 이미 소규모 기업화한 경우가 많다. 콘텐츠 기획 및 작성과 영상 편집 등 역할을 나눠 팀으로 작업을 하고 있다. 구독자를 많이 모아 적정 수준의 광고 수입이 확보되면 최소한 2명 이상의 인력 투입이 불가피할 것이라는 판단이 들었다. 따라서 혼자 이 모든 일을 다 하면서 성공적인 크리에이터가 될 확률이 그리 높지 않은 것으로 보인다. 중앙일보의 보도 내용인데 공감이 가서 소개한다.[11)]

"유튜버로 성공하려면 알려진 것보다 훨씬 승률이 낮은 승부

11) 중앙일보(2018.12.16.), "유튜버 되면 돈 많이 벌까...확률 낮은 '대박' 꿈은 금물"

라는 사실을 인지하고, 그래도 관심이 있다면 처음엔 취미 삼아 소소하게 도전해보는 편이 낫다고 전문가들은 조언한다. 유튜버가 되기 위해 무작정 회사나 학교부터 그만두는 일은 절대 금물이라는 얘기다. 특히 초등학생들까지 유튜버를 선망의 대상으로 삼는 등, 사회적으로 기존 경제활동 대신 영상 제작에 '올인'하는 분위기가 형성되고 있는 데 대해 우려의 목소리가 높아지고 있다."

유튜브는 적지 않은 부작용도 불러일으키고 있다. 가짜 뉴스 논란과 잘못된 지식의 전파가 대표적이다. 가짜 뉴스는 상대를 해치려는 악의를 '뉴스'로 포장해 유통하는 콘텐츠이다. 사실과 다르게 왜곡, 과장해 사람들을 현혹하는 거짓 지식도 적지 않게 눈에 뜨인다. 선정성도 문제가 되고 있다. 콘텐츠의 질적 수준이 하락하는 것이 문제가 되고 있는 것이다. 언론진흥재단은 '크리에이터 전성시대, 진단과 전망'이라는 제목의 보고서에서 "인기 있는 유튜브 채널 치고 욕설이나 선정성, 폭력성을 담지 않은 콘텐츠를 찾아보기 힘들다."며 "전통 미디어 콘텐츠는 사전심의 개념이 있지만, 크리에이터 콘텐츠의 경우 사전심의는 물론 사후심의의 개념도 존재하지 않는다."고 지적하고 있다.[12)]

동영상이 대세인 흐름 속에서 강력한 채널로 자리를 잡은 유튜브의 강세는 앞으로 지속할 것으로 보인다. 미디어 간 경쟁이

12) 서화정(2018), "크리에이터 전성시대, 그 진단과 전망", 2018 해외미디어동향, 언론진흥재단

콘텐츠 이용자들의 미디어 소비시간을 더 많이 점유하는 경쟁인 만큼 유튜브에서 소비자들이 많은 시간을 보낸다는 것은 그만큼 기존 미디어에 부정적 요인으로 작용할 것이다. 하지만 유튜브가 자체 정화 기능을 가짐으로써 콘텐츠의 질 저하 문제를 해결할 수 있느냐에 따라 그 지속 가능성이 결정될 것으로 보인다. 부작용이 커지면 초반에 강세를 보이던 트위터가 페이스북에 의해 잠식당했듯 언제든 새로운 대안이 부상할 가능성이 있다.

나는 기자다

외국 스트리밍 방송의 공세가 시작됐다!

영화, 음악 같은 디지털 콘텐츠를 소비하는 종래의 방식은 해당 콘텐츠를 자신의 디바이스에 내려 받은 다음 재생하는 것이었다. 그런데 다운로드를 하지 않고도 '디지털 콘텐츠 창고'에서 바로 실시간으로 재생해 즐길 수 있는 '스트리밍'이 등장하더니 이제는 글로벌 미디어 판도를 뒤흔들고 있다. 자신들이 일방적으로 정한 편성표에 따라 공급자 중심의 콘텐츠를 제공해온 전통 방송사들이 소비자의 기호에 맞춰 온디맨드 콘텐츠를 공급하는 스트리밍 미디어에 시장을 잠식당하고 있다. 현재의 선두주자는 단연 넷플릭스. 풍부한 콘텐츠 경쟁력과 빅데이터 분석을 바탕을 둔 고객 맞춤형 서비스로 미국 시장을 석권한 다음 해외 시장을 적극적으로 공략하고 있다.

한국 시장도 예외가 아니다. 일부 CATV에 이어 주요 IPTV 중 하나인 LG유플러스가 자사 IPTV에 넷플릭스를 탑재함으로써 국내 미디어들은 다가올 '넷플릭스 태풍'에 바짝 긴장하고 있다. 문제는 지금은 온통 관심이 넷플릭스에 쏠려 있지만, 미국 스트리밍 업체들의 공세는 이제 시작에 불과할 뿐이라는 데 있다. 스트리밍 경쟁에 뛰어든 디즈니와 애플 등 콘텐츠 및 테크 강자들과 넷플릭스의 한판 승부가 포화 상태에 이른 미국 시장에 머물지 않고 해외 시장으로 확장될 것으로 보인다. 국내 미디어 입장에서 보면 시장 잠식의 위협이 더욱 커질 것이다. 한편으론 이들 미디어와 제휴를 통해 자사 콘텐츠를 글로벌 시장에 유통하는 길도 넓어질 것이다. 또 한국 오리지널 콘텐츠에 대한 스트리밍 미디어들의 수요가 늘어나 제작생태계가 호전되는 효과도 예상된다.

향후 스트리밍 기업들의 공세가 어떤 영향을 가져올지를 주시하기 위해서는 먼저 미국에서 발화된 '스트리밍 전쟁'의 진로를 점쳐보는 게 중요하다. 어떤 기업이 어떤 장단점을 가졌는지, 그리고 승부를 가를 변수는 무엇이 될지 짚어보는 등 해외 시장의 판세를 읽어봐야 한다. 최근 미국의 주요 방송사인 NBC는 스트리밍 특집 기사에서 "스트리밍 전쟁에서는 이기거나 사라지거나 둘 중 하나이다. 가장 우수한 콘텐츠를 가진 기업은 시청자들의 눈길을 끌 것이다. 그렇지 않을 기업은 사라질 것이다."라고 경고했다.[13] 미디어 기업의 생사를 좌우할 것으로 지적되고 있는 스트리밍 전쟁의 한 복판으로 들어가 본다.

현재 스트리밍 전쟁에 뛰어든 '전사'들은 절대 강자인 넷플릭스를 비롯해 디즈니, AT&T, 유튜브, 애플, 아마존 등이다. 이들 기업이 가진 주요 무기는 콘텐츠, 돈, 고객 데이터 및 분석 능력, 유통 플랫폼 등이다. 선두주자인 넷플릭스는 콘텐츠와 고객 데이터 분석 능력, 플랫폼에서 절대 우위를 유지하고 있다. 하지만 후발 주자들이 콘텐츠 공급을 중단하는 등 견제에 들어간 상태에서 끊임없이 신규 콘텐츠 제작해야 해 자금력이 버텨줄 수 있을지가 변수이다. 이미 2위 스트리밍 업체인 데다 자금력도 우수하고 고객 데이터도 풍부한 아마존과 콘텐츠와 자금력이 막강하고 3위 스트리밍 업체인 훌루의 지분을 보유한 디즈니는 넷플릭스의 가장 강력한 경쟁 후보이다. 워너 미디어를 보유한 AT&T는 콘텐츠와 자금력은 세지만 고객 데이터를 확보하고 스트리밍 플랫폼을 구축해야 하는 게 숙제이다. 동영상 강자인 유튜브는 크리에이터들이 제작한 영상이 주종인 콘텐츠에 영화나 오리지널 콘텐츠를 부가하는 전략의 변화가 정체성의 혼란을 가져올 수도 있을 것이다. 애플의 경우 막강한 자금력과 아이튠스 등을 통해 확보한 고객 데이터가 강력한 무기

---

13) NBCNews(2018.11.), "The Streaming Wars:How the new kingdoms of Hollywood are battling it out for the future of entertainment"

이지만 콘텐츠나 방송을 잘 모른다는 게 약점이다. 이렇게 보면 앞으로 스트리밍 전쟁은 넷플릭스, 디즈니, 아마존, AT&T의 4파전이 예상되며, 여기에 애플과 유튜브 등이 추격전을 벌이는 양상이 나타나지 않을까 점쳐본다.

각 사별 현황과 전략을 살펴보자. 먼저 넷플릭스. 2018년 3분기 기준 넷플릭스 가입자는 1억 3천 7백만 명인데 이중 약 42%가 미국 가입자이다. 넷플릭스는 미국에서는 가입자 면에서 이미 CATV를 추월했다. 넷플릭스는 유럽, 동남아시아 등 해외 시장을 적극 공략 중이다. 마이클 스미스와 라훌 텔랑은 '플랫폼도 콘텐츠다'라는 책에서 넷플릭스의 강점을 세 가지로 정리한다. 첫째, 광고를 기반으로 한 사업 모델을 추구하지 않음으로써 광고주들의 눈치를 안 본다는 것이다. 둘째, 다양한 온디맨드 콘텐츠를 제공하기 때문에 시청자들에게 다양한 선택권을 준다. 일반 방송사들이 편성표에 따라 일방적으로 콘텐츠를 제공하는 데 비해 시청자 스스로 원하는 콘텐츠를 골라볼 수 있고, 몰아보기 등을 자유롭게 할 수 있게 해준다는 게 강점이다. 셋째, 고객 데이터를 효과적으로 분석해 개인화된 맞춤형 콘텐츠를 제시하는 능력이 탁월하다.[14] 각 시청자가 어떤 콘텐츠를 얼마나 오래, 어떤 디바이스로 시청하는지 등 데이터를 분석해 그 시청자가 좋아할 만한 콘텐츠를 추천하고 있다. 넷플릭스의 CEO인 리드 헤이스팅스는 최근 일본 니혼게이자이신문

14) 마이클 스미스, 라훌텔랑(2018), 임재완 김형진 옮김, "플랫폼이 콘텐츠다", 이콘

과의 인터뷰에서 "넷플릭스는 사용자의 취향을 2000개까지 세분화해 정리하고 있다."며 "TV에서 스마트폰까지 자신에게 맞는 것을 선택할 수 있다."고 말했다. 지금까지 언급한 넷플릭스 장점에 두 가지를 추가한다면, 먼저 저렴한 가격을 들 수 있다. 넷플릭스는 현재 월 9~16달러에 서비스를 제공하고 있다. 다음으로 최근 넷플릭스가 주력하고 있는 오리지널 콘텐츠 제작. 넷플릭스는 지난해 자체 콘텐츠 제작에 80억 달러를 투자했는데 이는 유료 케이블 네트워크 HBO의 투자액 25억 달러의 3배가 넘는 금액이다.

넷플릭스가 이렇게 오리지널 콘텐츠 제작에 역점은 두고 있는데는 두 가지의 이유가 있어 보인다. 첫째, 스트리밍 진출을 선언한 디즈니 등 콘텐츠 보유 업체들이 콘텐츠 공급을 해지하는 등 견제하고 있는 데다 기존에 보유한 콘텐츠들의 판권 유효기간도 단기이기 때문이다. 둘째, 한국 등 해외 시장을 파고들기 위해 현지 맞춤형 오리지널 콘텐츠로 승부를 걸고 있다. 하지만 넷플릭스의 대규모 투자와 부채 규모에 대해 우려하는 시장의 시선이 존재한다. 자금력에 비해 오리지널 콘텐츠에 대한 투자 규모가 크기 때문이다. 지난해 9월까지 1년간을 보면 넷플릭스는 콘텐츠 제작에 117억 달러를 투자했다. 반면, 벌어들인 수익은 149억 달러여서 마케팅과 운영경비로 쓸 수 있는 돈은 32억 달러에 불과했다. 차입이 불가피한 것은 당연한 일. 심각한 현실은 채권의 신용등급이 투자등급 미만인 정크본드라는 데 있다. 시장에서 위험한 투자자산으로 보는 것이다. 앞으로 넷플릭스가 지속적으로 성장하기 위해서는 과도한 부채와 낮은 신용등급 문제를 해결해야 한다. 이밖에 넷플릿

스는 콘텐츠 크리에이터들의 불만, 나쁜 기업문화 등 문제점이 언론에서 보도되고 있다.

다음은 디즈니. 디즈니는 현재 3위 스트리밍 업체인 훌루의 상당 지분을 보유하고 있는데 올해 중 자체 스트리밍 서비스인 '디즈니 플러스'를 런칭할 계획이다. 디즈니가 가진 강점은 막강한 콘텐츠 보유와 자금력이다. 먼저, 콘텐츠는 인기가 높은 아동용 영화, 최근 인수한 21세기 폭스가 보유한 스타워즈, 심슨 등 다양한 포트폴리오를 보유하고 있다. 디즈니의 최대 무기는 픽사, 마블, 루카스, 폭스 등이다. 막강한 브랜드의 힘과 지적 재산권을 무기로 타사가 넘볼 수 없는 퀄리티를 가진 스트리밍 서비스를 제공해 '왕좌'의 자리에 오르겠다는 의욕을 보이고 있다. 디즈니는 테마파크와 크루즈, 전통 방송사 등 다양한 비즈니스를 운영 중이어서 자금력도 막강하다. 지난해 9월 말 기준 최근 1년간 매출액과 이익 규모는 각각 580억 달러와 101억 달러로 넷플릭스의 149억 달러와 13억 달러를 크게 상회하고 있다. 디즈니는 풍부한 자금력을 바탕으로 오리지널 콘텐츠 투자를 확대하고 유럽과 아시아 등 해외 시장에도 적극적으로 진출한다는 계획이다. 디즈니는 넷플릭스를 견제하기 위해 스타워즈와 마블 등 콘텐츠를 더 이상 넷플릭스에 공급하지 않기로 방침을 정했다. 넷플릭스의 가장 강력한 경쟁자가 될 것으로 보인다. 디즈니는 강력한 콘텐츠와 브랜드 등 강점이 있지만, 고객 데이터 측면에서 취약하다는 게 단점이다. 막대한 고객 데이터를 확보하고 분석 역량을 갖추는 것은 시간이 적지 않게 걸리는 일이어서 이 걸림돌을 넘어서는 게 디즈니의 가장 큰 도전이 될 것이다.

아마존의 경우는 이미 넷플릭스에 이어 9천만 명에 가까운 고객을 확보한 스트리밍 서비스, 아마존 프레임을 운영 중인 스트리밍 강자이다. 아마존의 가장 큰 무기는 자금과 지속적으로 늘어나고 있는 소비자 데이터, 그리고 추천 서비스를 제공하는 데이터 분석 능력이다. 아마존은 AI 음성비서인 알렉사를 앞세워 차세대 TV의 전설을 만들어 내겠다는 계획이다. 아마존도 넷플릭스와 마찬가지로 보유하고 있는 콘텐츠의 판권이 단기여서 오리지널 콘텐츠 제작이 불가피한데 자금력에 전혀 문제가 없는 강점을 지니고 있다.

또 AT&T는 TV와 무선통신 가입자 감소에 대응해 스트리밍 서비스를 올해 말에 런칭하기로 했다. 최근 인수한 타임 워너의 이름을 워너미디어로 바꿔 스트리밍 회사를 세웠는데 워너브로스, 터너, HBO의 콘텐츠를 사용하기로 했다. 이들 기업은 원더우먼, 해리포터, 반지의 제왕, 레고 등 인기 있는 영화는 물론 TV 프로그램도 다량 보유하고 있어 콘텐츠력이 매우 강하다. 하지만 워너미디어 또한 고객 데이터 확보가 숙제가 될 것으로 보이며, 초기에 넷플릭보다 훨씬 안정적이고 인상적인 서비스를 제공해야 한다는 게 부담이 될 전망이다.

유튜브의 대응도 관심거리다. 유튜브는 올해부터 오리지널 신작 콘텐츠를 무료로 제공할 예정이다. 유튜브는 그동안 오리지널 콘텐츠를 월 11.99달러를 내는 유료 회원에게만 제공했다. 유튜브는 올해까지 50여 개의 오리지널 콘텐츠를 제작할 계획이다. 유튜브의 이런 움직임은 스트리밍의 성장이라는 시장 추세를 따라가는 정도의 전략으로 보인다. 유튜브가 본격적으로 스트리밍에 뛰어들지는 미지수인데 크리에이터들이 창작한 콘텐츠의 플랫폼이라는 정체성에 혼란이 생길 수 있어 고민이 될 것으로 보인다.

시장의 관심은 테크 강자인 애플에도 쏠리고 있다. 애플은 올해 스트리밍 서비스를 런칭할 계획이다. 구글 크롬캐스터처럼 TV 뒤에 끼워 콘텐츠를 즐길 수 있는 스트리밍 동글을 도입할 것으로 알려졌다. 애플의 장점은 자금력과 막대한 규모의 고객 데이터이다. 먼저 애플은 2천 850억 달러 규모의 현금을 보유하고 있다. 또 6억 5천만에서 7억 명 선의 고객 데이터를 보유하고 있어 맞춤형 서비스를 제공하는 게 가능하다. 곳간에 자금이 많은 애플은 우선 오리지널 콘텐츠 제작에 10억 달러를 투자한다는 생각이다. 애플의 수석 부사장인 에디 큐는 최근 "다른 기업을 인수하는 것은 애플의 전략이 아니며, 콘텐츠와 서비스의 질을 높이는 데 전략적 투자를 하겠다."고 밝혔다. 실제로 애플은 지난해에 '플래닛 오브 더 앱스(Planet of the Apps)'라는 오리지널 프로그램을 제작했으며 지금은 스티븐 스필버스 감독의 공상 과학 영화 '어메이징 스토리즈(Amazing Stories)'를 제작 중이다. 아울러 TV 시리즈와 토크 쇼 등을 선보인다는 계획이다. 애플은 아이튠즈나 앱스토어, TV 앱을 통해서도 TV 콘텐츠를 공급해 시장을 단기간에 파고든다는 청사진을 추진하고 있는데 상반기 중에는 미국, 그리고 하반기에 해외 시장을 공략한다는 생각이다. 이를 위해 애플은 할리우드 진출을 확정했다. 캘리포니아에 엔터테인먼트 부분 본사를 건축하고 있다. 애플의 약점은 콘텐츠 제작을 잘 모른다는 점이다. 마이크로 소프트와 야후가 오리지널 콘텐츠 제작 계획을 세웠다가 포기한 적이 있어 시장은 애플은 어떤 길을 걸어갈지 주시하고 있다.

미국 미디어 기업들의 스트리밍 공세는 국내 미디어에 어떤 영향을 미칠까. 미국에서 스트리밍이 빠르게 CATV를 추월한 것은 일단 가격 경쟁력이 컸기 때문이다. CATV 시청료보다 훨씬 싼 월 9~16달러의 요금이 강점으로 작용했다. 하지만 우리나라의 경우 유료방송 평균 시청료가 월 1만 원 미만이어서 스트리밍 서비스의 가격이 매력적이지는 못할 것으로 보인다. 다만, LG유플러스처럼 자체 IPTV 서비스에 넷플릭스를 자동 탑재한 경우는 상황이 달라 그 귀추가 주목된다. 둘째, 스트리밍은 광고 없이 몰아볼 수 있고, 다양한 기기에서 시청할 수 있다는 게 장점인 점은 분명하다. 하지만 미국처럼 유선방송을 해지하는 '코드커팅'이 본격화될지는 의문이다. 실제로 넷플릭스가 국내에 진출한 형태가 미국과 달리 딜라이브, CJ헬로, LG유플러스 등 기존 유료방송과의 제휴 형태를 취하고 있어 유료방송의 대체재보다는 보완재가 될 가능성이 크다. 더구나, 한국 사회의 특성상 시청자들의 뉴스 민감도가 높아 영화, 드라마 등이 주종 콘텐츠인 스트리밍을 본다는 이유로 뉴스 등 다른 콘텐츠가 있는 유료방송을 해지하는 가입자가 다수 발생할 가능성은 크지 않은 것으로 보인다. 셋째, 앞에서 말한 두 가지 요인에도 불구하고 기존 방송사의 시청률이 떨어지고 이로 인해 경영이 나빠질 가능성이 있다. 스트리밍 서비스는 막대한 제작비를 투입하는 데다 해외 현지 맞춤형으로 콘텐츠를 제작하고, 빅데이터 분석으로 시청자의 취향에 맞는 콘텐츠를 추천하는 등 다양한 강점을 내세우고 있다. 미디어 시장의 경쟁은 소비자들의 콘텐츠 소비시간을 점유하는 경쟁이다. 따라서 이 같은 강점을 가진 스트리밍 콘텐츠가 시청자들의 눈길을 잠식하는 만큼 기존 방송사들은 시청자는 빼앗기는 결과를 맞게 될 것이다. 여기에다 제작사들까지 충분한 제작비를 지급하는 해외 스트리밍 업체들을 선호할 가능성이 커 전통 방송사들은 프로그램 생산과 소비 두 측면에서 어려움을 겪게 될 가능성이 있다.

문제는 스트리밍의 공세가 이제 시작에 불과할 뿐이라는 데 있다. 넷플릭스를 선두주자로 해서 디즈니, 유튜브 등이 제공하는 스트리밍 서비스의 한국 시장 잠식이 더 커질 공산이 크다. 이들 미디어는 강력한 브랜드, 막강한 보유 콘텐츠와 자금력, 고객데이터 및 분석 능력 등으로 무장하고 있다. 국내 방송사들이 여기에 정면으로 맞서는 건 힘겨운 게 사실이다. 현실적으로는 제작 콘텐츠를 글로벌 스트리밍 업체들에 제공해 시장을 넓힘으로써 수익력을 강화하는 전략도 하나의 대안이 될 수 있다. 하지만 이것은 콘텐츠의 유통 전략일 뿐 본질적 대응전략일 수는 없다. 따라서 최근 국내 OTT 1위인 SK텔레콤의 '옥수수'와 최다 콘텐츠를 보유한 지상파 방송사의 '푹'이 통합하기로 한 것은 덩치를 키워 '한국판 넷플릭스'를 만들어보려는 적절한 전략으로 보인다. '옥수수'와 '푹'이 한데 뭉치면 가입자 1,300만 명을 확보한 대형 OTT가 탄생하게 된다. 방송사들이 시급히 보완해야 할 분야가 있다. 그것은 고객 데이터를 확보하고 이를 분석하는 역량을 키워 고객별 맞춤형 콘텐츠를 제공하는 일이다. 빅데이터 시대이다. 일방적 편성계획에 따라 콘텐츠를 밀어내는 '공급자 시대'는 막을 내리고 있다.

〈경제시론〉

'퍼스트 무버'로 가는 길... '기획'을 춤추게 하라!

취재 기자 시절 경제기획원을 출입한 적이 있다. 부총리가 수장으로 있는 경제정책의 사령탑이었다. 과천 정부청사 제일 위에 있는 1동 건물에 위치한 '입지조건'에서도 드러나듯 말 그대로 수석 부처였다. 경제개발 계획, 대외 경제정책 수립, 예산 편성, 정책 조정 등 막강한 권한을 지니고 있었다. 1961년 간판을 올린 이래 1994년까지 33년 동안 한국경제의 방향타를 잡는 역할을 했다. 기획 기능이 강한 부처였던 만큼 상대적으로 '자유분방한' 사고를 하는 관료들을 자주 볼 수 있었다. 경제기획을 총괄하는 한 고위직 관료는 “은행을 대기업의 대주주로 만드는 방안을 고민 중”이라고 밝혔다. 급진적 방안이어서 아예 정부 정책으로 논의조차 되지 못했지만, 경제관료들도 현실에서 수용되기 어려운 ‘상상’을 했다. 기업도 마찬가지이다. 대기업 총수들은 기업가 정신으로 불가능해 보이던 일에 도전했다. 삼성이 반도체사업에 승부수를 던진 것도, 현대가 한 번도 해보지 않은 조선업에 진출한 것도 현실적 제약을 뛰어넘어 꿈을 성취하려는 도전정신의 발로였다. 그렇다 보니 기업 내부에서도 기획이 주도적 역할을 했다. 꿈을 꾸는 Dreamer들이 기획조직에 포진했고, 기업은 이들에게 힘을 실어주었다. 재무는 이를 뒷받침하는 이차적 역할에 그쳤다. ‘기획의 시대’였다.

1997년의 외환위기를 계기로 기획의 시대는 저물었다. 나라는 외환 금고가 바닥나 부도 위기에 직면했다. IMF의 혹독한 구조조정 프로그램을 받아들여 위기를 넘겼다. 기업도 상황은 마찬가지. 돈줄이 바닥나 문을 닫는 기업들이 속출했다. 돈, 즉 재무의 중요성을 절감하는 시기였다. 자금의 숨통이 막히면 얼마나 끔찍한 일이 일어나는지를 깨달으면서 ‘꿈을 꾸는 기획’은 이선으로 물러났다. 정부든 기업이든 기획이 퇴조하고 재무라인이 전면에 부상했다. 특히 기업은 그렇다. 자금 부족으로 생존위기에 직면했던 기업들은 재무적 안정성을 중시했고, 이를 계기로 재무통들이 실권을 잡았다. 더구나 증권시장은 기업에 분기별로 ‘뛰어난 실적’을 요구하고, 여기에 부응하지 못하면 주가 하락이라는 징벌을 내리는 '압박장치'의 역할을 하기 시작했다. 한 달 한 달이 급하다 보니 기업은 '꿈 대신 현실'을 중시했다. 필자도 대기업에서 간부로 근무해본 기간이 있었는데 중요한 의사 결정은 재무 중심으로 이뤄졌고, 기획은 '우아하지만 당장 급하지 않은 계획'을 세워보는 기능을 수행하는 데 그쳤다. 재무가 전면에 나선 경제. 추격형 성장을 하는 '패스트 팔로어' 단계에서는 현장밀착형 전략을 수립하고 실행하는 데 성공적인 역할을 수행했다.

하지만 상황이 바뀌었다. 돈이 아니라 창조와 창의가 자본이 되는 4차 산업혁명 시대이다. 더구나 우리 경제와 기업들은 패스트 팔로어의 단계를 넘어 퍼스트 무버로 뛰어나가야 하는 '가보지 않은 길' 앞에 직면해 있다. 따라 배우며 추격할 '역할 모델'이 없어졌다. 스스로 상상력을 발휘해 새로운 길을 열어가야 하는 상황이 됐다. 여기에서 우리는 스스로 이런 질문을 던져야 한다. 재무 중심의 사고로 퍼스트 무버의 미래를 펼쳐갈 수 있을까. 필자의 답은 부정적이다. 재무는 현안 중심의 단기적 사고를 한다. 재무는 미래의 일을 판단할 때도 리스크를 떠안는 데는 보수적이다. 미래 현금흐름을 여러 가지 가정을 통해 예측한 다음 성공 가능성이 수치로 나타나지 않으면 움직이지 않는다. 재무적 사고 아래서는 허허벌판에 반도체 공장이나 조선 도크를 세우는 '무모한 의사 결정'을 할 수가 없다. 재무가 잘못된 게 아니라 원래 재무의 기능이 그런 것이다. "단기 목표를 중시하는 현상이 경제 전반을 해치고 있다"는 워런 버핏의 경고는 우리가 나아가야 할 길이 어디인지를 시사해주고 있다.

단도직입적으로 얘기하면 우리가 그토록 강조하는 기업가 정신은 재무에서 나오지 않는다. 엉뚱한 꿈을 꿀 수 있는 기획에서 나온다. 뤄아오종이 '구글 성공의 7가지 법칙'에서 제일 먼저 강조한 것은 '상식을 깨라'는 것이다. 구글의 창업자인 세르게이 브린은 스탠퍼드 대학 재학 시절 데스크톱만 많이 있으면 전 세계 웹 자료를 모두 내려받을 수 있다고 장담했다. 지도교수가 이해할 수 없다며 말했다. "스탠퍼드의 자료는 이미 다 다운로드 받은 것 같은데 도대체 얼마나 많이 더 다운받아야 하는 건가?" 페이지는 답했다. "전 세계 월드 와이드웹을 다 다운 받을 것입니다." 상식과 규칙을 깨는 이런 발상으로 구글의 막강한 검색서비스가 탄생했다.[15] 이처럼 불가능한 것을 꿈꾸는 것은 기획이다. 재무적 사고에서는 나올 수가 없다.

속도가 중요한 시대이다. 기업들은 민첩함을 추구한다. 그러다 보니 기획은 뒷전이 되기에 십상이다. 하버드 비즈니스 리뷰(HBR)는 지난 2016년에 385명의 기업 경영진을 대상으로 설문 조사를 실시했다. 경영진들은 "속도가 중요해 계획을 수립하는 것에 대해 좌절감을 느낀다."고 응답했다. 이에 대해 유럽전략혁신센터의 알레산드로 디 피오르 대표는 '기획이 민첩함의 적은 아니다.'

15) 뤄아오종(2007), 오수현 옮김, "구글 성공의 7가지 법칙", 이코노믹북스

란 글에서 속도와 기획을 조화시켜야 한다고 강조한다.[16)]

퍼스트 무버로 한국 경제의 앞날을 헤쳐 나가야 하는 4차 산업혁명 시대. 종래의 방식으론 안 된다. 꿈을 꾸는 기획이 춤추는 조직이 돼야 한다. 기획에 힘을 실어줘야 한다. 실패를 용인하자고 백 번 천 번 얘기하면 무엇 하는가. 당장 손실이 나는 걸 재무적 사고에서 어떻게 용인하겠는가. 한 축은 기획, 다른 한 축은 재무가 돼 이상과 현실이 조화를 이뤄야 한다. '가보지 않은 길'을 개척하는 힘은 꿈에서 나오기 때문이다.

로버트 프로스트는 그의 시 '가지 않은 길'에서 이렇게 말한다.

숲속에 두 갈래 길이 있었다고,
나는 사람이 적게 간 길을 선택하였다고
그리고 그것 때문에 모든 것이 달라졌다고

모든 것이 달라지려면, 사람들이 적게 간 길을 가려면 '기획의 깃발'이 다시 날려야 한다.

---

16) Alessandro Di Fiore(2018. 9.),"Planning Doesn't Have to Be the Enemy of Agile", Harvard Business Review

그동안 미국은 중국과의 무역에서 일방적으로 대규모 적자를 기록해왔다. 미국의 대중 무역적자액은 지난 2000년의 820억 달러에서 지난해에는 3,357억 달러로 네 배나 늘어났다. 그런 만큼 미국과 중국 사이엔 늘 긴장 기류가 흐르고 있었다. 지난해부터 이 긴장이 일촉즉발의 충돌국면으로까지 번졌던 이유는 무엇일까. 그런 상황에서 중국의 최대 통신장비업체인 화웨이의 멍완저우 부회장이 화웨이의 이란 제재 위반을 이유로 전격 체포된 데는 어떤 기류가 깔려 있는 것일까. 이를 알기 위해서는 트럼프 행정부의 중국관을 들여다볼 필요가 있다.

먼저 수장인 트럼프의 생각. 트럼프가 대권에 도전하기 전인 2015년에 펴낸 '불구가 된 미국'에 중국에 대한 그의 불만이 잘 표현돼있다. "우리는 중국에 나가떨어졌다. 중국을 적으로 지칭하지 않기를 바라는 사람들이 있다. 그러나 현실은 그러하다. 중국은 저임금 노동력을 활용해 여러 산업을 파괴했고, 수만 개의 일자리를 사라지게 했고, 우리 기업들을 염탐했고, 우리의 기술을 훔쳤으며, 화폐 가치를 낮춰서 때로는 수입이 불가능할 정도로 우리 제품의 경쟁력을 떨어뜨렸다."[17] 트럼프는 중국을 '적'으로 보고 있다. 지난해 파푸아뉴기니에서 열린 아시아태평양경제협력체회의

17) 도널드 트럼프(2016), 김태훈 옮김, "불구가 된 미국", 이레미디어

(APEC)에서 마이크 펜스 미국 부통령이 "중국은 아주 여러 해 동안 미국을 이용해왔다. 그런 날은 이제 끝났다."며 중국에 대해 날을 세운 것도 이런 미국의 강경 기류의 연장선에 있다고 할 수 있다. 실무선에서 트럼프의 적대적인 중국관을 뒷받침하고 있는 인물은 백악관 무역제조업 정책국장 겸 국가무역위원장인 피터 나바로이다. 나바로는 지난 2011년 '중국이 세상을 지배하는 그날'이라는 자극적인 제목의 책을 펴냈다. 중국을 적으로 보는 트럼프의 생각과 맥락이 똑같은 내용의 책이다. "중국 공산당식의 변칙적인 '국가자본주의'는 세계의 자유 시장과 자유 무역 원칙을 산산조각 파괴하고 있다. 중국이 자유 무역을 무시한 탓에 지금까지 미국의 제조업 일자리 수백만 개가 사라졌다. 중국은 아프리카, 아시아, 미국에 인접한 라틴아메리카 전역에서 독자적인 21세기식 식민주의 정책을 펼치고 있다."[18]

트럼프 행정부 수뇌부가 중국에 대해 느끼는 적대감의 수위가 어느 정도인지를 잘 알 수 있는 대목이다. 결국, 미국이 중국에 한판 싸움을 건 동기는 단순히 무역적자 폭을 줄이는 데만 있지 않다. 양국의 갈등은 표면적으론 통상분쟁의 양상을 띠었지만, 내면적으론 세계 패권을 둘러싼 힘겨루기인 것이다. 다시 말해, 미국 주도의 시장 자본주의가 중국의 국가 자본주의의 부상과 세계화 전략에 강력한 견제구를 던진 것이다. 이번 분쟁 과정에서 미국이

---

18) 피터 바라로, 그렉 오트리(2012), 서정아 옮김, "중국이 세상을 지배하는 그날", 지식갤러리

중국에 광범위한 요구를 한데서 이는 잘 나타나고 있다. 미국이 1차 무역협상에서 중국에 내놓은 요구 리스트에는 미국 기업의 지적 재산권 보호 강화, 외국인 투자제한 등 부적절한 관세 및 비관세 장벽 철폐, 시장을 왜곡하는 보조금 및 정부 지원 금지, 미국 서비스 공급자에 대한 차별 없는 대우, 2년 동안 2천억 달러 규모의 대중 무역적자 축소 등이 포함돼있다.

미국과 중국은 일단 확전을 피하며 갈등을 봉합하는 수순을 밟을 것이다. 중국이 어느 정도 성의는 보이되 체면을 차리는 수준에서 일단 '휴전'을 선언할 수도 있을 것이다. 설사 화해 무드가 싹튼다고 해도 문제는 앞으로이다. 지금 같은 속도면 중국이 경제력 면에서 미국을 추월할 날은 멀지 않았다. 중국은 이미 2010년에 제조업 부가가치 총액에서 미국을 따돌려 세계 최대의 제조업 강국이 된 데 이어 '제조 2025' 계획을 통해 2045년까지 첨단 제조업 강국을 되겠다는 의욕을 불태우고 있다.

미국과 중국의 경제 체력을 비교해보자. 공표되는 경제지표를 보면 아직은 미국의 우위이다. 2017년 기준 중국의 국내총생산 GDP는 12.6조 달러로 19.5조 달러인 미국의 61.7%에 그치고 있다. 하지만 추격 속도는 매우 빠르다. 2000년에 미국의 11%에 불과하던 중국 경제가 17년 사이에 61.7%까지 급상승한 것이다. 중국 경제가 그동안 고속 성장을 해온 결과이다. 하지만 중국의 실질적인 경제 규모가 이미 미국은 앞질렀다는 분석도 있다. 화폐의 구매력을 고려해 조정한 GDP를 IMF가 추산한 결과를 보면 2014년 중국의 경제 규모는 17.6조 달러로 미국의 17.4조 달러를 이미 앞섰으며, 올해 중 그 차이가 20%까지 벌어질 것으로 예상됐다.

미국이 초조할 수밖에 없는 이유이다. 미국은 80년대에는 자국의 패권에 도전하는 경쟁국인 일본을 플라자합의를 통한 환율 강제 조정(1985년), 종합무역법 제정(1988년) 등의 무기로 주저앉히는 데 성공했다. 일본의 '잃어버린 20년'이 시작된 시발점이다. 미국은 기세등등한 중국의 위협을 앉아서 보고 있지만은 않을 것이다. 최악의 경우 극단적인 충돌이 우려된다.

이와 관련, 그레이엄 앨리슨이 펴낸 '예정된 전쟁'이 주목을 받고 있다. 앨리슨은 미국과 중국의 패권 경쟁을 '투키디데스의 함정'이란 틀로 진단한다. '투키디데스의 함정'은 신흥세력이 지배세력의 자리를 차지하려고 위협할 때 벌어지는 혼란스러운 상황을 뜻한다. 엘리슨은 주요 국가의 부상이 지배국가의 입지를 흔든 16개의 역사적 사례 중 12개가 전쟁으로 이어졌다고 분석한다. 이런 사례들에 비춰볼 때 "수십 년 안에 미국과 중국 간에 전쟁이 일어날 가능성이 그냥 있기만 한 것이 아니라 지금 인식하고 있는 것보다 훨씬 높다."는 게 앨리슨의 경고이다. 그가 가장 우려하는 것은 우발적 충돌이 일어날 가능성이다. 미국과 동맹국의 군함과 전투기가 중국의 전함 및 전투기와 역사상 그 어느 때보다 가까이에서 움직이고 있기 때문이다. 전쟁은 지도자가 전쟁을 피하겠다고 단

단히 마음먹고 있을 때도 일어날 수 있다는 것이다.[19]

사실 미국과 중국의 무력 충돌 가능성을 제기한 것은 그레이엄 앨리슨이 처음은 아니다. 새뮤얼 헌팅턴은 1997년에 발간한 '문명의 충돌'에서 냉전체제 종식 후 이념의 충돌이 문명의 충돌로 대체될 것이라고 예견하면서 그 대표적 사례로 미국과 중국의 군사적 충돌 가능성을 들고 있다. 헌팅턴은 "서구에서 중국으로 패권이 넘어가는 과정에서 군사충돌이 일어날 가능성이 상당히 크다."며 미국과 중국의 교전 시나리오를 제시하기까지 했다.[20]

지금까지 언급한 트럼프, 펜스, 나바로, 앨리슨, 헌팅턴의 발언이나 저술에는 공통적인 시각과 감성이 흐르고 있다. 중국에 추격당하는 미국의 두려움과 초조함이다. 앞으로 미국은 과거의 일본처럼 중국을 주저앉힐 수 있을까? 또는 중국은 미국의 온갖 견제를 뚫고 '중국몽'을 이룰 수 있을까?

현시점에서 정확한 답을 내놓은 것은 가능한 일이 아니다. 중국이 국가 주도의 발전 전략 아래 지금과 같은 속도의 경제성장과 기술 개발을 해나간다면 G1으로서의 미국의 입지가 흔들리는 것은 시간문제인 것으로 보인다. 물론 중국에 대한 미국의 강력

19) 그레이엄 앨리슨(2018), 정혜윤 옮김, "예정된 전쟁", 세종서적

20) 새뮤얼 헌팅턴(1997), 이희재 옮김, "문명의 충돌", 김영사

한 견제로 그 기간이 더 늦어질 수도 있을 것이다. 실제로 미국이 화웨이를 강력히 견제하고, 중국 기업의 미국 기업 인수를 어렵게 하는 등 강력한 규제를 시행하기 시작했기 때문에 중국의 '기술 굴기'는 속도가 늦춰질 가능성이 커졌다. 여기에서 한 가지 질문을 던져본다. 중국이 설사 경제 규모에서 1위가 된다고 해도 G1으로서의 자격을 갖추게 될 것인가 하는 점이다. 물론 GDP가 1위가 되면 군사력, 산업기술, 지적 재산권 등 여러 측면에서 최강국으로서의 위상을 확보하게 될 것이다. 하지만 미국 주도 글로벌 패권의 현 질서는 미국이 세계 통화인 달러를 찍어내는 기축통화국인 데다 달러가 가장 중요한 자원인 석유의 결제 통화라는 점에 뿌리를 두고 있다. 또 민주주의와 개방성, 투명성, 문화 등 소프트파워가 세계적으로 폭넓게 확산한 점이 그 영향력을 뒷받침하고 있다.

이런 면에서 중국이 덩치 면에서는 세계 1위에 오르더라도 지금의 미국과 같은 수준의 패권을 행사하지는 못할 것으로 보인다. 최근 회자한 리샤오 중국 길림대 경제대학원장의 졸업생 축사는 중국이 무엇이 부족한지를 진솔하게 잘 짚고 있다. 리샤오 교수는 달러가 기축통화인 현재의 글로벌 경제 질서를 미국이 주도하고 있다는 점, 미국 시장에 대한 중국의 높은 수출의존도, 미국 첨단기술과 농산물 수입에 대한 의존, 민족적 소양의 문제 등을 지적하면서 중국이 역부족임을 인정하고 있다. 종합적으로 볼 때 중국의 '굴기'가 현실화하더라도 이젠 한 국가가 일방적 패권을 행사하는 시대는 되풀이되지 않을 것으로 보인다. 미국과 중국이 서로의 강점을 인정하며 패권을 공유하는 시나리오가 현실화할 공산이 크다. 그 과정은 험난하고 숱한 혼란과 소음이 수반될 것이고 이게 세계 경제에 불안 요인으로 작용할 것이다.

우리나라의 수출의존도가 가장 높은 두 나라, 미국과 중국의 패권 경쟁은 우리나라에 어떤 영향을 미칠까. 우리는 어떤 선택을 해야 할까. 두 나라가 무역분쟁에 들어가자 우리 경제에 불똥이 튀지 않을까 우려하는 목소리가 컸다. 수출의 26% 이상이 중국으로 들어가고 있는 높은 의존도 때문이다. 그래서 수출선 다변화를 통해 중국 의존도를 낮추자는 대안이 단골 메뉴로 제시되고 있다. 하지만 미국과 중국의 패권 경쟁을 보면서 우리가 더 긴장해서 주시하며 대책을 마련해야 할 분야가 있다. 먼저 중국 산업의 빠른 한국 추격이다. 이미 많은 분야에서 중국은 한국을 앞섰으며, 반도체 등 일부 산업은 중국이 속도를 높여 추격해오고 있다. 세계 최대 제조업 강국인 중국은 '제조 2025'를 통해 2045년까지 제조기술 최강국이 된다는 야심 찬 계획을 추진하고 있다. 기술 강국 중국의 부상은 우리 경제의 생존을 위협할 위험 변수이다.

더 구조적인 문제가 있다. 중국의 '제조 2025'가 노리고 있는 것은 중국의 산업생산 체계를 국내 수급 구조로 바꾼다는 것이다. 즉, 해외에서 부품을 들여와 완제품을 만들어 수출하는 현재의 구조를 부품 국내 자급체제를 만들어 독자적인 생산체계를 갖추겠다는 것이다. 이 같은 중국의 계획이 현실이 되면 중국에 중간재를 수출하고 있는 우리로선 수출이 크게 줄어드는 충격을 받을 것으로 우려된다. 중국은 미국의 강력한 견제에 직면한 것을 계기로 절치부심하며 기술 개발에 전력을 기울여 해외 부품에 대한 의존도를 낮추는 데 국가의 자원을 총투입할 것으로 보인다. 한국경제에는 큰 파장이 우려되는 변수이다. 수출선 다변화 같은 미시적 대응으론 역부족일 것이다. 중국 수출에 의존해온 경제의 성장 방식 자체를 혁신하고, 중국과의 기술 격차를 벌려가는 국가 차원의 전략 수립과 실행이 필요하다.

중국은 우리에게 이중적 이해관계를 갖는 인접 국가이다. 그동안은 경제성장의 자양분을 공급해주는 '약'이었다. 그러다 보니 이제는 중국이 기침만 해도 우리가 몸살을 앓는 '독'이 되고 있고, 앞으로 그 독성은 더욱 커질 가능성이 있다. 미래는 우리의 지혜로운 대응과 선택 여부에 달려 있다.

에필로그

1983년부터 직장 생활을 시작했으니 36년의 세월이 흘렀다. 사진첩을 들춰보듯 하나하나 기억을 되살려 글을 썼다. 빛바랜 아날로그 사진을 보다가 점점 선명한 디지털 사진을 살펴보듯 글을 진행했다. 서투르기만 했던 수습기자 시절에서 미디어 경영자까지, 동분서주하며 살았다. 기쁘고 뿌듯했던 시간도 있었고, 후회되는 일도 있었고, 가슴 아픈 좌절의 경험도 있었다. 어느 하나 버릴 수 없는 내 삶의 조각들이다. 그 조각들이 만들어 준 내 모습은 '대한민국 언론인 최남수'이다. 현장을 누비던 기자 시절엔 일상의 작은 문제에서부터 한국경제의 구조적 문제까지를 공정 보도와 정론의 시각으로 짚는 데 치열하게 접근하려 노력했다. 부족함도 적지 않았다. 좀 더 잘할 수 있었는데 하는 아쉬움이 남는다. 경영인이 돼서 직면한 미디어의 환경은 만만치 않았다. 정보의 홍수 속에서 차별적 콘텐츠로 '야무진 자리매김'을 하는 건 늘 큰 숙제였다. 경영의 안정적 기반을 다지고 새로운 성장동력을 확보하는 것은 머리를 떠나지 않는 깊은 고민거리였다. 성과를 내기도 했다. 하지만 그 성과를 지속 가능하게 만드는 건 방심을 허용하지 않는 과제였다. '친정'인 YTN에서 '공정 보도의 선두주자도 되고 튼튼한 경영기반을 갖춘 미디어'를 만들어보고 싶은 꿈은 좌절됐다. 뒤돌아보면 '새까만 스크린' 밖에 떠오르지 않는다. 상식과 원칙, 인간의 품격이 존중되는 세상으로 돌아왔다. 지금은 겨울이다. 추위 속에서 이 글을 쓰고 있다. 내가 쓴 '디카시' 한 편으로 이 책의 끝을 맺는다.

하늘의 동공

터벅터벅 산등성이 오르고
눈 앞을 가리는 안개 헤치며
해가 얼굴을 편다

높아졌다 낮아지길
날마다 되풀이하며
깊게 다져지는 하늘의 동공

결빙의 계절에
단 하나 남은 생의 불씨
시간의 밭을 데워
봄을 끝내 피워내는

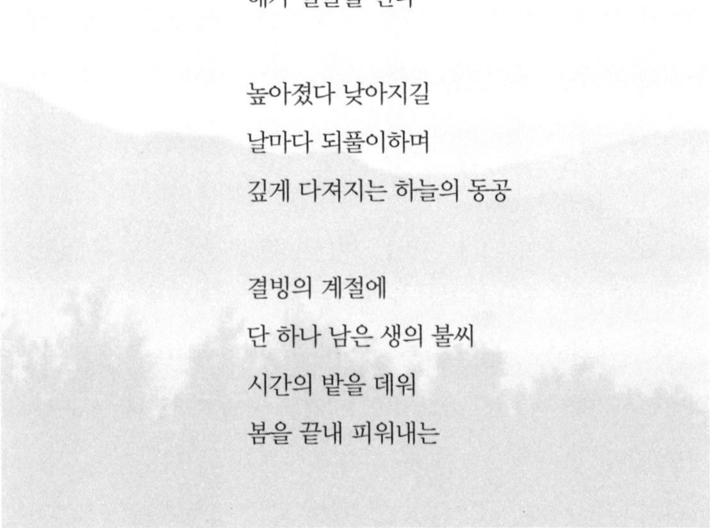